MIX
Papier aus verantwortungsvollen Quellen
Paper from responsible sources
FSC® C105338

Dörte Schabsky

Machtkonflikt im Sportunterricht

Eine Fallstudie über Ursachen, Strategien und Folgen

Diplomica Verlag GmbH

Schabsky, Dörte: Machtkonflikt im Sportunterricht: Eine Fallstudie über Ursachen, Strategien und Folgen, Hamburg, Diplomica Verlag GmbH 2013

Buch-ISBN: 978-3-8428-9909-4
PDF-eBook-ISBN: 978-3-8428-4909-9
Druck/Herstellung: Diplomica® Verlag GmbH, Hamburg, 2013
Covermotiv: © Catherine Murray – Fotolia.com

Bibliografische Information der Deutschen Nationalbibliothek:
Die Deutsche Nationalbibliothek verzeichnet diese Publikation in der Deutschen Nationalbibliografie; detaillierte bibliografische Daten sind im Internet über http://dnb.d-nb.de abrufbar.

Hermannstal 119k, 22119 Hamburg
http://www.diplomica-verlag.de, Hamburg 2013
Printed in Germany

Inhalt

1 Einleitung

„Machtkonflikte? Ham' we' nich'", so die geschlossene Aussage aus dem Lehrerzimmer. Diese ist erstaunlich, bedenkt man, dass schon 1956 der hessische Minister für Erziehung beklagte: „Nach Berichten und Erfahrungen der letzten Jahre hat die Zahl der Schüler zugenommen, die sich den pädagogischen Maßnahmen der Schule böswillig und nachhaltig verschließen oder widersetzen, die Schulordnung und Gemeinschaft erheblich stören und dadurch dem Lehrer im Unterricht erheblich Schwierigkeiten bereiten." (Miethling 1993, S. 14).

Dieser Widerspruch und die Tatsache, dass Lehrer[1] nach genauerem Nachfragen doch zugeben in ihrem Unterricht auch gelegentlich einen Machtkonflikt bestritten zu haben, deutet darauf hin, dass es sich bei dieser Thematik um ein Tabu-Thema im Lehrerzimmer handelt. Machtkonflikte hat man einfach nicht! Es scheint vielen peinlich zu sein, vor Kollegen oder gar Außenstehenden zuzugeben, dass sie ihre Schüler nicht immer „im Griff" haben. Dennoch gehört gerade dies zum Unterrichtsalltag (vgl. Bräutigam, 2003, S. 169).

Schüler widersetzen sich der Autorität des Lehrers aus verschiedensten Gründen, sei es Unverständnis, Lustlosigkeit oder das Bestreben, sich einmal nicht unterzuordnen, sondern gegen die „Macht des Lehrers" zu rebellieren. Diesem Verhalten als Lehrer gelassen gegenüberzutreten und sich nicht auf die Einladung zum Machtkonflikt einzulassen ist nicht leicht. So schreibt Dreikurs in seinem Buch *„Lehrer und Schüler lösen Disziplinprobleme"*:

> Ist es schon schwierig genug, den Provokationen des Kindes zu widerstehen, wenn es Aufmerksamkeit fordert, so ist es noch schwieriger, sich zurückzuhalten, wenn es seine Überlegenheit oder Macht demonstrieren will. Viele Lehrer sind weder von ihrer Persönlichkeit her noch emotional darauf vorbereitet sich aus einem Machtkampf mit einem Kind, das ihre Autorität in Frage stellt, herauszuhalten. (Dreikurs et al., 2007, S. 40).

Obwohl das Thema also keine Ausnahme im Schulalltag darstellt, finden sich in der Literatur überwiegend präventive Strategien zur Vermeidung von Machtkonflikten nichts aber darüber, wie Lehrer mit Machtkonflikten umgehen sollten. Der Mangel an Literatur lässt sich unter anderem damit erklären, dass es in dem Bereich – Machtkonflikte in der

---

[1] Um den Textfluss nicht zu unterbrechen, wird im Folgenden bei Personen sowie Berufsbezeichnungen die maskuline Form verwendet. Gemeint sind jeweils beide Geschlechter. Lediglich im empirischen Teil wird teilweise differenziert, um Unterschiede in der Untersuchung deutlich zu machen.

Schule und speziell im Sportunterricht – noch keine Forschung gab. Aus diesem Grund kann die Fallstudie, die hier beschrieben wird, noch keine generalisierbaren Erkenntnisse erbringen, sondern lediglich Einzelfälle darstellen.

Das Buch gliedert sich in drei große Abschnitte.
Im ersten Teil wird die Problematik grundlegend dargestellt, indem zunächst eine Definition aus der Sozialwissenschaft herangezogen wird. Die bisherigen Aussagen aus der Literatur über die Ursachen, den Verlauf, die Folgen sowie Vorschläge zur Prävention und Bewältigung von Machtkonflikten finden sich in den Kapiteln 2.1.2 bis 2.1.4.

Im Anschluss werden in Kapitel 2.2 bisherige Erkenntnisse von empirischen Untersuchungen dargestellt, die mit der Thematik zusammenhängen.

Im zweiten Teil wird die aus dem theoretischen Vorwissen entwickelte Fallstudie vorgestellt (Kapitel 3), in der fünf Sportlehrer zu ihren Erfahrungen mit Machtkonflikten befragt wurden. Die Darstellung sowie die Auswertung dieser Interviews kann in den Kapiteln 3.4 bis 3.10 gefunden werden.

Im letzten Abschnitt (Kapitel 4) werden Schlussfolgerungen aus den Interviews vor dem Hintergrund theoretischer und empirischer Erkenntnisse aus Kapitel 2 reflektiert.
In Kapitel 5 wird ein abschließendes Fazit gezogen, welches die Ergebnisse dieser Studie zusammenfasst.

2 Bisherige Antworten zur Thematik

In diesem Kapitel wird in zwei Blöcken der bisherige Wissensstand zusammengefasst. Zunächst werden Antworten aus der Theorie dargelegt. Im Anschluss wird beschrieben, was aus Studien, die sich hauptsächlich mit anderen Phänomenen beschäftigt haben, über Machtkonflikte bereits abgeleitet werden kann.

2.1 Theorie

In der sportwissenschaftlichen Theorie ist dem Thema „Machtkonflikt im Sportunterricht" bisher noch keine besondere Beachtung gewidmet worden. Es wird lediglich in verschiedenen Quellen vor Machtkämpfen gewarnt (vgl. Scherler, 2000, S. 13). Die unterschiedlichen Termini „Machtkampf" und „Machtkonflikt" beziehen sich auf dasselbe Phänomen. Da es in der Sportwissenschaft jedoch keine Begriffsbestimmung, sondern nur Beschreibungen[2] desselbigen gibt, wird in diesem Buch die Definition Messmers für „Machtkonflikt" zu Grunde gelegt. Die beiden Termini (Machtkampf und Machtkonflikt) werden synonym verwendet. Ferner werden im Folgenden sowohl sportwissenschaftliche Quellen herangezogen, als auch sozialwissenschaftliche und pädagogische, da sich diese Fachrichtungen schon intensiver mit dieser bzw. überschneidenden Thematiken beschäftigt haben.

2.1.1 Definition

Um das Phänomen „Machtkonflikt" definieren zu können ist es wichtig, sich zunächst mit seinen Bestandteilen auseinanderzusetzen. Daher soll an dieser Stelle zunächst die Bedeutung der Wörter „Macht" sowie „Konflikt" in Bezug auf Schule und Erziehung dargestellt werden.

„*Macht*" wird in der Brockhaus Enzyklopädie (2010, S. 637) als die Chance definiert, seine eigenen Vorstellungen auch gegen den Widerstand anderer durchzusetzen. Dies geht mit der Definition des Soziologen Max Weber (1864-1920) konform.

Auch das Mikrosystem Schule ist durchdrungen von verschiedensten Formen der Macht. Die Schule dient dem Staat dazu, die Kinder und Jugendlichen in ihrer Entwicklung positiv

---

[2] „In solchen Machtkämpfen geht es darum, wer im Unterricht das Sagen hat und seine Interessen durchsetzen kann. Sie bestehen aus Angriff und Verteidigung, finden verdeckt statt oder offen, werden von einzelnen Schülern geführt oder von der ganzen Klasse." (Scherler, 2000, S. 13).

zu beeinflussen und sie auf diese Weise zu sozialen und qualifizierten Staatsbürgern zu erziehen. Da, wie Gonschorek und Schneider (2000, S. 223) schreiben, „die Klientel" nicht freiwillig kommt, unterliegen die Schüler grundlegend bereits dem Zwang der Schulpflicht.

Das Lehrer-Schüler-Verhältnis ist daher zum einen durch die Amtsmacht des Lehrers asymmetrisch, aber auch durch seine Kompetenzen (vgl. Plaßmann, 2003, S. 238). Diese bestehen aus fachlichem und methodischem Wissen. Durch seine Kenntnisse ist der Lehrer seinen Schülern intellektuell im Vorteil, was ihm die Macht verleiht seinen Unterricht so zu gestalten, dass er für die Schüler lehrreich und angemessen ist. Was der Edukand von diesem Angebot annimmt und verarbeitet, liegt nicht in der Macht des Lehrers (vgl. Plaßmann, 2003, S. 239).

Dieser kann lediglich dafür Sorge tragen, dass die Gruppe in ihrem Lernprozess nicht durch das Verhalten einzelner gestört wird. Hierzu kann er sich bestimmter Machtinstrumente bedienen. „Der erhobene Zeigefinger, die geballte Faust und andere Arten von drohender Gestik oder negativer Mimik gehören ebenso dazu wie Briefe an die Eltern, schlechte Noten, der Rotstift, Strafarbeiten und >>Antanzen<< beim Schulleiter" (Kern, 1976, S. 108). Weiterhin verweist die Literatur auf Nachsitzen, Klassenbucheinträge und den Ausschluss vom Unterricht (vgl. Plaßmann, 2003, S. 253). Ulich (1976, S. 54) schreibt: „Zensuren sind ein spezifisches Instrument der Überzeugungsmacht von Lehrern." Dieser Gebrauch der Note wurde jedoch vehement kritisiert, ebenso wie das Einsetzen von Strafen, da sie laut Kern (1976, S. 113 f.) „zu Gegenaggression und schließlich zu Vermeidungsverhalten (Schulschwänzen etc.) führen" können. An ihre Stelle sollen logische Folgen treten, d.h. prognostizierbare Konsequenzen des Schülerhandelns (vgl. Dreikurs, 1994, S. 106). Alle beschriebenen Optionen sind Instrumente, mit denen der Lehrer seinen Willen durchsetzen kann. Oft wird daher die Macht des Lehrers fälschlich mit Bestrafung assoziiert. Vielmehr ist die größte Macht des Lehrers aber seine natürliche Ausstrahlung, seine Autorität, die das Einsetzen von Machtinstrumenten überflüssig machen kann (vgl. Weber, 1974, S. 212). Mangelt es einem Lehrer jedoch an dieser Autorität, tritt er unprofessionell auf und ist er nicht in der Lage einen weitgehend störungsfreien Unterricht zu organisieren, wird seine Macht angreifbar und es kann ein Machtvakuum entstehen (vgl. Plaßmann, 2003, S. 245).

Doch nicht nur der Lehrer hat in der Schule Macht, sondern ebenso der Schüler (vgl. Scherler, 2000, S. 13). Er „kann die Macht von Lehrern bestätigen, sie ignorieren, auf die

Probe stellen oder sie zurückdrängen“ (vgl. Plaßmann, 2003, S. 258). Je nach Gesinnung des Schülers und Einstellung zum jeweiligen Lehrer kann er seine Macht nutzen, um Produktives zum Lernprozess beizusteuern oder um destruktiv gegen die Vorhaben des Lehrers zu agieren. Hierbei können seine Aktivitäten von „passiv-aggressiver Verweigerung über manipulative Tarnhandlungen bis hin zu offener Aggression und Gewalt“ (Plaßmann, 2003, S. 258) reichen. Die Einstellung des Schülers gegenüber dem Lehrer wird oftmals beeinflusst durch den Ruf, den der Lehrer an der Schule hat. So haben Schüler die Macht Lehrern Etiketten zuzuschreiben, die diese über Klassengrenzen hinweg stigmatisieren. Auf diese Weise ist auch der Schüler in der Lage den Lehrer für inkompetentes Verhalten zu bestrafen, durch den „Entzug von Achtung und Respekt, Ignoranz und schulisches Fehlverhalten“ (Plaßmann, 2003, S. 261).

Es lässt sich zusammenfassen, dass die Schule ein Machtsystem ist, in dem ein Machtgefälle zwischen Lehrern und Schülern besteht. Den Pädagogen stehen – als Vertretern der Institution – Machtinstrumente zur Verfügung, die sie bei Bedarf einsetzen können um ihren Willen gegen den ihrer Schüler durchzusetzen. Auf der anderen Seite sind auch Schüler nicht machtlos, sondern ebenfalls in der Lage ein Fehlverhalten der Lehrer zu bestrafen. „Die Möglichkeiten des Schülers, gegen die Vorgehensweisen des Lehrers zu intervenieren, wachsen mit den sozialen und intellektuellen Kompetenzen. Seine Macht ist als zunehmend zu erachten“ (Plaßmann, 2003, S. 258).

Das Wort „*Konflikt*“ ist vielfach und auf unterschiedliche Weise definiert. Dies hat den Grund, dass es *den Konflikt* nicht gibt. So schreibt Rapoport (1974, S. 8), dass der Terminus „Konflikt“ als Sammelbegriff zu verstehen ist, der Phänomene beschreibt, welche sich oberflächlich ähneln, auf Grund ihrer verschiedenen Ursachen jedoch stark variieren können. Unterschiede sind nicht nur im Anlass des Konfliktes zu finden, sondern auch in den Akteuren. So kann es sowohl horizontale Auseinandersetzungen unter gleichrangigen Parteien geben, als auch vertikale zwischen „Herrscher[n] und Beherrschten um die zentralen Ressourcen der Macht“ (Messmer, 2003, S. 13). Die Persönlichkeit der Akteure ist nicht Konflikt formend, sondern „vielmehr macht sich der Konflikt ‚*die verfügbaren Kräfte im Individuum dienstbar*‘“ (Messmer, 2003, S. 18).

Wie auch der Philosoph und Soziologe Georg Simmel (1858 – 1918) setzt Messmer in seinem Konfliktmodell – welches der Studie zu Grunde liegen soll – ein Konfliktverständnis voraus, bei dem der Konflikt wie ein Gravitationsfeld

> die Ressourcen einer gegebenen sozialen Entität an sich bindet und sie gemäß seiner Anziehungskraft mehr oder minder vollständig absorbiert. Dieser Auffassung zufolge entwickelt sich der Konflikt als eine logisch eigenständige Sachverhaltswirklichkeit, die ihre soziale Nahwelt in dem Maße transformiert, wie sie das Verhalten der Beteiligten unter dem Gesichtspunkt der Unvereinbarkeit bündelt. (Messmer, 2003, S. 44)

Sein Konfliktmodell entwickelte Messmer als ein vierstufiges Prozessmodell, dessen Entwicklungsstufen logisch aufeinander aufbauen und voneinander abhängig sind. Die jeweils dominante Form ist Namensgeber der einzelnen Stufen.

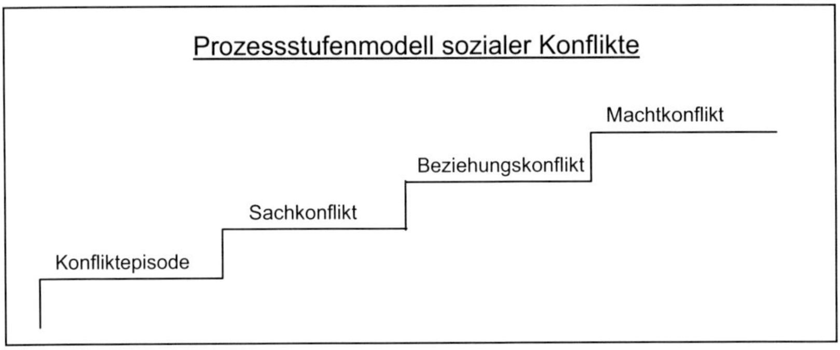

Abb. 1. Prozessstufenmodell sozialer Konflikte (Messmer, 2003, S. 279)

Die *Konfliktepisode* ist nach Messmer ein Bagatellereignis. Sie ist erst gegeben, wenn der Widerspruch des Gesprächspartners gegen die eigene Meinung abgelehnt wird, d.h. wenn Person A und Person B unterschiedlicher Meinung sind, Position A aber trotz Widerspruch von Person B auf ihrer Einstellung beharrt. Messmer bezeichnet dies als „die Unvereinbarkeit zweier Sinnselektionen" (Messmer, 2003, S. 281).

Auf der nächsthöheren Stufe wandelt sich die Konfliktepisode zu einem *Sachkonflikt*. Dieser ist gekennzeichnet durch eine themenbezogene Verstärkung, wenn beide Akteure längere Zeit auf ihrem Standpunkt beharren. Das Ziel der beiden Parteien ist es, den jeweils anderen von der eigenen Meinung zu überzeugen. Mittel, die auf dieser Stufe eingesetzt werden, um die eigene Position zu stärken sind „Erklärungen, Begründungen und Argumentation" (Messmer, 2003, S. 283 f.).

Beim *Beziehungskonflikt* wird dem Konfliktpartner für die unerfreuliche Situation, welche typischerweise aus der vorangegangenen Konfliktdynamik entsteht, die Verantwortung bzw. die Schuld zugewiesen. Da für eine Anschuldigung – dem kennzeichnenden Mittel dieser Stufe – ein Normenbruch notwendig ist, wird dieser in der bewussten Verursachung des unangenehmen Sachverhalts gesehen.

Den *„Machtkonflikt“,* die höchste Stufe seines Konfliktmodells, definiert Messmer wie folgt:

> Von *Machtkonflikten* sprechen wir immer dann, wenn die Konfliktkommunikation auf Zwangs- und Gewaltanwendung reflektiert, um den Widerstandswillen eines anderen damit zu brechen. Sind die Mittel des Überzeugens und der Schuldzurechnung erst einmal erschöpft und fruchtlos geblieben, dann wird der Glaube an physische bzw. psychische Überlegenheit zu einer zentralen Variable[n] der Durchsetzungsstrategie. (Messmer, 2003, S. 287).

Zwei zentrale Bestimmungsstücke unterscheiden den Machtkonflikt von einem Beziehungskonflikt: Die Feindwahrnehmung sowie die Drohkommunikation. Die *Feindwahrnehmung* kommt durch das Zuschreiben von Motiven zustande. Die Unterstellung, der Konfliktpartner wolle einem absichtlich Schaden zufügen, führt dazu, dass dieser nur noch als Gegner wahrgenommen wird (vgl. Messmer, 2003, S. 225). Gemeinsamkeiten werden völlig ausgeblendet, während die Unterschiede zwischen den beiden Akteuren maximiert werden. Hieraus resultiert gleichzeitig, dass die Verstehensbereitschaft und Empathiefähigkeit beider Parteien drastisch abnimmt. Messmer (2003, S. 238) schreibt: „Feindselige Attitüden werden in der Konfliktkommunikation durch rigide Formen der Schuldzuweisung zum Ausdruck gebracht, wobei Schuldzuweisung und Verstehensbereitschaft negativ korrelieren.“ Es kommt zu einer gegenseitigen Stigmatisierung – z.B. „Es ist *immer* dasselbe mit dir!“. Derartige Extremformulierungen sind Anzeichen einer scharfen Grenzziehung zwischen dem ‚Ich‘ und dem ‚Du‘. Auffällig ist auch der „absolute Mangel an Achtungskommunikation“ (Messmer, 2003, S. 227). Daraus leitet sich ab, dass auf dieser Ebene weniger das tatsächliche Verhalten des anderen entscheidend ist, als vielmehr das individuelle Konflikterleben (vgl. Messmer, 2003, S. 234).

Die *Drohkommunikation* unterstützt den oben erläuterten Prozess. Mit ihr wird erstmals im Konfliktverlauf der Einsatz von Machtmitteln in Aussicht gestellt. Da im vorangegangenen Konfliktverlauf alle Überzeugungs- und Durchsetzungsversuche fehlgeschlagen sind, wird das Drohen zu einer aussichtsversprechenden Kommunikationsstrategie, da sich der Drohsteller trotz wenig Einsatz viel Nutzen versprechen kann – „something for nothing“ (Messmer, 2003, S. 288). Die Drohung ist deshalb so attraktiv, weil sie

> dem anderen Maßnahmen in Aussicht [stellt], von denen man annimmt, dass ihre Nachteile schwerer wiegen als der Nutzen, den er möglicherweise hat, wenn er seine eigenen Absichten weiterverfolgt. [...] In der Vermeidungsalternative tut der Drohsteller zudem auch nicht das, was der Bedrohte möchte, sondern unterlässt nur, was dieser unter allen Umständen vermeiden will. (Messmer, 2003, S. 239).

Damit wird dem Bedrohten lediglich versprochen, dass ihm nicht genommen wird, was er bereits hat. Der Drohsteller zeigt ferner mit dem Aussprechen seiner Drohung an, dass er an den Argumenten des Bedrohten keinerlei Interesse mehr hat und sich nicht weiter auf Debatten einlassen will. Nachteilig ist für ihn ab dem Ausspruch der Drohung, dass es von diesem Zeitpunkt an nur noch die Alternativen Durchsetzen oder Nachgeben als Konfliktausgang geben kann. Ein Nachgeben nach dem Ausspruch einer Drohung geht jedoch immer mit einem Gesichtsverlust des Drohstellers einher. Daher wird dieser bemüht sein, dem Bedrohten zu suggerieren, dass er „über hinreichend Machtmittel verfügt, damit er den angekündigten Schaden notfalls auch gegen den Widerstand des Bedrohten ihm aufzwingen kann“ (Messmer, 2003, S. 239).

Die Drohwirksamkeit hängt aus diesem Grund von den zur Verfügung stehenden Machtmitteln des Drohstellers und seiner Bereitschaft ab diese einzusetzen. Der Droherfolg dagegen ist abhängig von der Kosten-Nutzen Erwägung des Bedrohten sowie dessen Ängstlichkeit (vgl. Messmer, 2003, S. 239). In einem Lehrer-Schüler Machtkonflikt ist es wahrscheinlich, dass der Lehrer die Drohsteller-Rolle einnimmt, während der Schüler in der Rolle des Bedrohten abwägt, ob die angedrohten Maßnahmen des Lehrers ihn dazu bewegen sich dem Willen der Lehrperson zu unterwerfen.

Kommt es zu einer Gegendrohung, kann sich die Drohkommunikation zu einem Drohsystem entwickeln, bei dem sich die beiden Akteure gegenseitig mit Androhungen zu überbieten versuchen. „In der Drohkommunikation machen Maßnahmen, die harmloser als die vorher angedrohten sind, keinen Sinn, da sie nicht abschrecken können“ (Messmer, 2003, S. 246).

Ein Drohsystem kann nur entstehen, wenn beide Konfliktparteien der Ansicht sind, über die gleichen Machtressourcen zu verfügen, d.h. sich als gleichwertige Gegner betrachten. Dies ist in einem Machtkonflikt zwischen einem Lehrer und seinem Schüler eher unwahrscheinlich, da der Lehrer über mehr Machtinstrumente verfügt als der Schüler. Dies wird man eher in einem Machtkonflikt unter Schülern finden können.

2.1.2 Wie entstehen Machtkonflikte

Der Machtkonflikt ist die letzte Stufe in Messmers Modell. Da jede Stufe auf der vorherigen aufbaut, kann der Machtkonflikt also als die Eskalation eines „normalen“ Konfliktes bezeichnet werden (vgl. Messmer, 2003, S. 249 f.). Daher liegen die Gründe für einen Machtkonflikt zunächst in den Ursachen des ursprünglichen Konflikts. Diese können je nach Auseinandersetzung höchst divers sein. Bezogen auf Schule gibt es vier große Kategorien für Konfliktursachen: Die Umgebung und die Bedingungen, den Schüler, den Lehrer und die Interaktion zwischen beiden bzw. zwischen Schülern untereinander.

Miethling (1993, S. 15) stellte für die Kategorie „Umgebung und Bedingungen" fest, dass eine große Schulgröße sowie zu kleine Klassenräume mehr Störungen[3] provozieren. Ebenso wirken sich die Schulart sowie ihre Lage auf das Störpotenzial aus. Gymnasien gelten demnach als weniger konfliktbeladen als andere Schulformen. Schulen in sozial schwächeren Stadtteilen weisen tendenziell mehr Unterrichtsstörungen auf. Auch das Unterrichtsfach sowie die Unterrichtsmethode können Konfliktpotenzial bergen. „Gerade im Fach Sport, das durch das Bewegen und die körperliche Auseinandersetzung von Gruppen im Raum gekennzeichnet ist, entstehen spezifische Ordnungen und demzufolge auch Störungen eigener Art" (Miethling, 1993, S. 14).

Bräutigam setzt sich in seinem Buch „Sportdidaktik. Ein Lehrbuch in 12 Lektionen" ausführlich mit den Bedingungen des Sportunterrichts auseinander. Bereits die verpflichtende Teilnahme kann zu Schwierigkeiten führen, da nicht alle Schüler gerne Sport in der Schule treiben (vgl. Bräutigam, 2003, S. 55). Dies hängt unter anderem damit zusammen, dass alle Aktivitäten im Unterricht mit pädagogischen Zielen gekoppelt sind. Somit verfolgt der Schulsport, anders als der Freizeitsport, immer erzieherische Zwecke. Die Inhalte sind bereits im Vorfeld durch die Lehrpläne festgelegt (vgl. Bräutigam, 2003, S. 55). Daher werden nicht nur Lieblingsdisziplinen thematisiert, sondern ein breites Spektrum an Sportarten, welche nicht allen Kindern Spaß machen. Dies hängt auch damit zusammen, dass die Schüler nach Jahrgängen gruppiert unterrichtet werden und nicht nach Sportinteresse oder Fähigkeiten. Daher besteht in den meisten Lerngruppen eine große Heterogenität (vgl. Bräutigam, 2003, S. 58). Auch hieraus können sich Probleme in Bezug auf die Anforderung ergeben. Die Leistungen der Schüler werden durch die Sportzensur dokumentiert. Da diese jedoch sehr viele Bereiche umfasst, wurde vermehrt in Frage gestellt, ob die Note ihren vielfältigen Funktionen gerecht werden kann. Ältere Schüler scheinen

---

[3] Eine Störung kann als Vorläufer einer Konfliktepisode verstanden werden. Der Schüler drückt durch nicht-regelkonformes Verhalten Widerstand gegen die Ziele und/oder Methoden des Lehrers aus. Beharrt der Lehrer auf seinen Ansichten, ist nach Messmer eine Konfliktepisode gegeben (vgl. Messmer, 2003, S. 281). Je nach Persistenz der Störung kann aus der Konfliktepisode auch ein Sach- bzw. ein Beziehungs- oder Machtkonflikt werden.

z.B. die Tatsache zu nutzen, dass „im Sportunterricht [...] manchmal mit geringem Aufwand gute Noten und hohe Punktzahlen erreicht werden [können].“ (Bräutigam, 2003, S. 57).

Überdies können Störungen und Konflikte aus den von den Fachkräften verfolgten Vorgaben des Curriculums und konträren Erwartungen von Schülern resultieren. Die vom Stundenplan vorgegebenen Zeitblöcke führen durch den Hin- und Rückweg zur Sportanlage sowie das Umziehen zu kürzeren Sporteinheiten (vgl. Bräutigam, 2003, S. 59). Dieser Zeitmangel kann zu einem hektischen und damit störungsanfälligeren Unterricht führen. Zuletzt ist noch auf die Sportanlagen zu verweisen. Nicht immer befinden sie sich in optimaler Entfernung, was den zuvor genannten Aspekt verstärkt. Weiterhin sind auch nicht alle Sporthallen ideal ausgestattet, sodass nicht für alle Disziplinen das entsprechende Material vorhanden und intakt ist. Auch dies kann sowohl bei Lehrern als auch bei Schülern zu Frustration führen.

Für die Bereich „Schüler“ gibt es verschiedene Motivzuschreibungen. Nach Charles hängt der Großteil aller Störungen mit dem Grundbedürfnis nach Anerkennung zusammen. Er schreibt, dass jedes Kind das Gefühl braucht und sucht dazuzugehören (vgl. Charles, 1996, S. 84). Wenn das Kind nicht in der Lage ist dieses Bedürfnis zu befriedigen, wendet es sich anderen „Platzhalterzielen“ zu wie z.B. dem Streben nach Macht. Dies kann dazu führen, dass das Kind den Lehrer immer wieder herausfordert, damit er sich mit ihm beschäftigt. Selbst wenn der Lehrer den Kampf gewinnt, hat er laut Charles verloren, denn das Kind lernt daraus, dass im Leben nur die Macht zählt (vgl. Charles, 1996, S. 91).

Dreikurs, Grunwald und Pepper (2007, S. 21) schreiben: „Für störendes, unerwünschtes Verhalten haben wir vier Ziele gefunden:

1. Aufmerksamkeit erreichen wollen,
2. Macht, Überlegenheit erlangen,
3. Rache, Vergeltung üben,
4. Unfähigkeit zur Schau stellen.“

Dreikurs et al. führen, ebenso wie Charles, das Streben nach Macht als ein nicht unübliches Ziel von Schülern auf. Begründet wird dies damit, dass intransparente, aufgezwungene Entscheidungen von Erwachsenen in Kindern Trotz entfachen (vgl. Dreikurs et al. 2007, S. 23). Dieser Effekt verstärkt sich, wenn aus Kindern Jugendliche werden. „Die Rebellion gegen die Autorität einigt alle jungen Menschen gegen die Gesellschaft der

Erwachsenen" schreiben Dreikurs et al. (2007, S. 194) und gehen darin mit Miethling konform, der von den Jugendlichen als „getreuen Rebellen" spricht, die sich durch Störung und Anpassung langsam aber nicht vollständig der älteren Generation angleichen (vgl. Miethling, 1993, S. 15). Ihre „körperlichen Suchbewegungen" dienen laut Miethling (1993, S. 16) „der Selbstdarstellung, Selbsterfahrung und Selbstvergewisserung", um den eigenen Platz und die eigene Identität in der Gesellschaft zu finden.

Im Zuge dieser Suchbewegungen werden Regeln verletzt und Grenzen ausgetestet. Dieses „Probehandeln", wie es Tymister nennt, ist wichtig für die Entwicklung der jungen Menschen zu Erwachsenen (vgl. Tymister, 2002, S. 84). Dennoch müssen ihnen ihre Verfehlungen aufgezeigt werden und auf die Einhaltung der Grenzen muss bestanden werden, damit klar wird, dass es sich um verbindliche Regeln handelt.

Gerade im Sportunterricht können Jugendliche ihre körperlichen Suchbewegungen ausleben, da sie hier mit ihrem Körper agieren. Sie erfahren im Sport ihre Kraft, können sich mit anderen messen und sich so einschätzen lernen. Doch auch hier können Kinder und Jugendliche über Grenzen hinausschießen, wenn Regeln im Spiel oder Kampf unbewusst oder mit Absicht verletzt werden. Greift der Lehrer oder der Schiedsrichter bei derartigen Vorfällen nicht konsequent ein, sondern duldet machtlos den Verstoß, lernen die Schüler, dass Regelbrüche keine Konsequenzen haben. „Dem Kind wird unbewusst das Erleben der Überlegenheit über Erwachsene zum bevorzugten Motiv seines Handelns" (vgl. Tymister, 2001, S. 84).

Auch der Lehrer selbst kann die Ursache für einen Machtkonflikt liefern. Miethling (1993, S. 14) schreibt, dass die „Person und [der] Lehrstil störungsförderlich oder -hinderlich wirken." Nach Charles (1996, S. 85) kann ein autokratischer Lehrstil Konflikte heraufbeschwören. Dies liegt daran, dass autoritäre Lehrer ein besonders starkes Bedürfnis haben ihre Machtposition deutlich zu machen, indem sie erwarten, dass ihren Anweisungen ohne Erläuterungen gefolgt wird. Regelverletzungen werden von ihnen mit sehr strengen Konsequenzen geahndet. Wie bereits erwähnt, weckt derartiges Verhalten den Widerstand von Kindern, insbesondere von Jugendlichen (vgl. Dreikurs et al. 2007, S. 73). Doch nicht nur autokratische Verhaltensweisen können zu Konflikten führen. Lehrer haben die schwierige Aufgabe, ihren geplanten, durchstrukturierten Unterricht, mit dem sie vielfach multiple Ziele verfolgen, der aktuellen Situation im Klassenraum anzupassen. Während sie also auf der einen Seite versuchen ihre Ziele zu verfolgen, müssen sie gleichzeitig die

Stimmung in der Sporthalle, bzw. im Klassenraum, analysieren, potenzielle Störungen vorhersehen und möglichst frühzeitig intervenieren. Diese höchst komplexe Aufgabe führt dazu, dass dem Lehrer nicht immer die nötige Zeit bleibt, um Entscheidungen über sein weiteres Vorgehen abzuwägen. Miethling spricht hierbei vom „Handeln unter Druck“ (1993, S. 18 f.), welches in den Phasen der „Orientierung und des Abwartens“, der „innere[n] und äußere[n] Eskalation“ und der Phase der „aggressiv […] -disziplinierenden oder resignativ-tolerierenden Auseinandersetzung“ (Miethling, 1993, S.18 f.) abläuft. Das Modell besagt, dass sich der Lehrer bei einer auftretenden Störung zunächst selbst beruhigt und mit Vertröstungsprozessen versucht seinen Unterricht unbeirrt fortzuführen, in der Hoffnung, dass die Störung sich von selbst auflöst. Ist dies nicht der Fall, kann es zur Eskalation kommen. Wenn der Lehrer den Störer streng maßregelt, ihn gar anschreit, kann dies laut Miethling (1993, S. 18 f.) im Nachhinein zu Zweifeln und verletzten Gefühlen beim Lehrer führen.

Aber auch wenn der Lehrer versucht frühzeitig seinen Unterricht an aktuelle Situationen anzupassen, kann dies zu Konflikten führen. „Problemlösungen [die] Probleme erzeugen“ (Miethling, 1993, S. 21) werden nach Miethling „Unterrichts-Fallen“ genannt. Lässt die Beteiligung einiger weniger Schüler zu wünschen übrig und versucht der Lehrer gerade diese Wenigen in den Unterricht zu integrieren, kann er den Unmut derer auf sich ziehen, die sich gerne beteiligen würden, nun aber vernachlässigt werden. Diese könnten sich dann frustriert Nebenbeschäftigungen zuwenden, die den Unterricht wiederum stören. Miethling spricht hier von dem „Beteiligungsproblem“. Ebenso kann beim „Anforderungsproblem“ eine zu leicht gestellte Aufgabe Langeweile erzeugen, welche wiederum zu Nebenbeschäftigungen führen kann (vgl. Miethling, 1993, S. 21). Weiterhin führt Miethling das „Mitbestimmungsproblem“ auf, bei dem die Balance zwischen Selbst- und Fremdbestimmung zum Problem werden kann, das „Anschauungsproblem“, bei dem den Schülern z.B. der Gesamteindruck einer Bewegung durch das Üben von Teilbewegungen verloren geht und sie daher keinen Sinn mehr in der Aufgabe erkennen, sowie das „Steuerungsproblem“, bei dem die unflexible Unterrichtsplanung des Lehrers zum Störpotenzial wird (vgl. Miethling, 1993, S. 21 f.)

Es zeigt sich, dass diese komplexe und höchst anspruchsvolle Aufgabe Lehrer leicht und auf verschiedene Weise überfordern kann. Aus einer derartigen Überforderung kann eine Störung und somit auch ein Konflikt entstehen. Was nach einer Störung von Schülerseite her aussieht, kann seinen Ursprung im Lehrerhandeln haben. So schreibt Scherler (2004,

S. 144-145): „Undiszipliniertes Verhalten von Schülern ist häufig nur Ausdruck fehlender Passung von Inhaltspräsentation und Bedingungsorganisation." Doch die wahre Ursache bei sich zu erkennen ist weit schwieriger, als sie beim Schüler zu entdecken. Dies hängt damit zusammen, dass es einfacher ist, „die Ursachen eines Problems nicht bei sich selbst, sondern beim anderen zu suchen und dort zu entdecken [...]" (Messmer, 2003, S. 235) da man diese leichter beobachten kann. Außerdem ist es für das eigene Selbstbild angenehmer, wenn es sich keine Fehler einzugestehen hat. Der Schüler wiederum fühlt sich durch die Maßregelung des Lehrers angegriffen, da er sich eigentlich in der Opferrolle wähnt.

Hier kommt die letzte der vier Kategorien, die „Interaktion" ins Spiel. Sie kann nicht nur einen Konflikt auslösen, sondern ihn auch weiter forcieren und durch Eskalation zu einem Machtkonflikt entwickeln. In der Interaktion zwischen Lehrern und Schülern kann es immer wieder – wie im übrigen Leben auch – zu Missverständnissen kommen. Diese können eine Störung verursachen. Sind die Angaben des Lehrers über den Aufbau von Geräten zu wage oder haben die Schüler sie schlicht falsch verstanden, kann sich daraus ein Problem ergeben. Führt der Lehrer das Verhalten seiner Schüler nicht auf ein Missverständnis zurück, sondern unterstellt ihnen intentional gehandelt zu haben, kann dies zu einem Konflikt führen. Ist dieser erst einmal gegeben, kann er durch konfrontative Interaktion weiter eskalieren. Grewe (2002, S. 56) schreibt: „Eine schrittweise Eskalation der Sanktionen durch die Lehrkraft gehört zu den am häufigsten gewählten Interventionen und ist in vielen Fällen erfolgreich." Nachteilig ist für den Lehrer hierbei, dass eine schrittweise Sanktion beinhaltet, dass der Schüler weiterhin stört bis die Sanktion drastisch genug ist, um dies zu unterbinden. Dieser Prozess ist nicht nur nervenaufreibend, sondern auch zeitintensiv. Beide Beteiligte sind zu diesem Zeitpunkt bereits emotional sehr aufgebracht und erregt. Dies kommt unter anderem dadurch zustande, dass

> im Konflikt [...] mehr und mehr eine Beeinträchtigung der sinnlichen Wahrnehmungsfähigkeit auf[tritt], wodurch die am Konflikt beteiligten Personen zu unterschiedlichen Bildern der Wirklichkeit kommen. Jede Person meint aber, dass ihr Bild das richtige sei und dass die andere Partei die Wirklichkeit verfälsche. (Glasl, 2008, S. 25).

Da auch der Lehrer ab einem gewissen Zeitpunkt durch seine Emotionen bestimmt wird, ist eine bewusste Steuerung des Konfliktverlaufes auf beiden Seiten nicht mehr möglich. Dazu trägt verstärkend bei, dass – wie Grewe schreibt – die nonverbale Kommunikation, welche ein Vielfaches der verbalen Verständigung vermittelt, den Konflikt zusätzlich anheizt (vgl. Grewe, 2002, S. 56). Eine derartige Situation vor einer Klasse auszutragen ist für beide Seiten von Nachteil (siehe Kapitel 2.1.3). Daher, und um eine schnelle Fortsetzung des Unterrichts zu ermöglichen, wandeln Lehrer Win-Win-Situationen wie einen Sachkonflikt, der für beide Seiten noch positive Kompromisse ergeben könnte aber zeitaufwendig ist, oft vorschnell in Win-Lose Konflikte. Ab dem Zeitpunkt, in dem die Win-Lose Situation eintritt, ist nach Messmer (2003, S. 287) ein Machtkonflikt gegeben, da hier lediglich Gewinn oder Niederlage möglich sind. In dieser Situation geht es dem Lehrer nicht mehr um die Argumente, die der Schüler vielleicht vorbringen könnte, sondern es geht ihm darum seinen Unterricht fortzusetzen. „Eine starke Reaktion, die die Win-Win-Phase schnell überspringt und in der Win-Lose-Phase deutlich macht, wer der Sieger im Konflikt bleibt, beendet in den meisten Fällen die Störung und ermöglicht eine zügige Fortsetzung des Unterrichts" (Grewe, 2002, S. 57). Daher kann gesagt werden, dass im Schulalltag der Sachkonflikt vermutlich oft übersprungen wird zu Gunsten der übrigen Lerngruppe und des fortlaufenden Unterrichts. Aus derartigen Machtkonflikten gehen, laut Grewe, die Lehrer überwiegend als Sieger hervor (vgl. Grewe, 2002, S. 57).

Es lässt sich zusammenfassen, dass alle Gründe, die zu einer Störung führen, auch als Ursache für einen Machtkonflikt fungieren können, da aus den meisten Störungen mit hoher Wahrscheinlichkeit eine Konfliktepisode wird. Dies liegt daran, dass der Lehrer in den meisten Fällen gegen eine Störung intervenieren wird. Die Konfliktepisode wiederum kann sich durch Eskalation in einen Machtkonflikt wandeln, wie es die Tabelle zeigt.

Tab. 1. Beispiel für die Entstehung eines Machtkonfliktes

Allgemeine Situations-beschreibung	Der Lehrer unter-richtet.	Der Schüler langweilt sich => Er stört.	Der Lehrer interveniert gegen die Störung.	Der Schüler ist wütend, weil er vom Lehrer zu einer Beschäftigung gezwungen wird, die ihn langweilt => Er stört aus Trotz weiter.	Der Lehrer fühlt sich provoziert und sanktioniert.
Beispiel-situation	Er lässt eine Geräte-landschaft aufbauen.	Der Schüler hüpft auf dem Weichboden herum.	Der Lehrer fordert den Schüler auf mit aufzubauen.	Der Schüler geht an ein halb aufgebautes Gerät und turnt daran herum.	Der Lehrer droht den Schüler auf die Bank zu setzen oder verweist den Schüler direkt auf die Bank.
Merkmale der Konflikt-stufe		Widespruch gegen die Sinn-zumutung	Beharren auf der Sinn-zumutung	Schuldzuweisung	Feindwahrnehmung Drohkommunikation
Name der Konflikt-stufe		(Störung)	Konflikt-episode	Beziehungskonflikt	Machtkonflikt

2.1.3 Folgen für die Beteiligten

Folgen eines Machtkonfliktes können für beide Parteien auftreten. Bei einem Machtkonflikt unter Schülern, also unter gleich starken Akteuren, die nicht voneinander abhängig sind, sind die Folgen anderer Natur als bei einem Lehrer-Schüler-Machtkonflikt. Ein Machtkonflikt unter Kindern kann das Selbstbild des „Verlierers“ schädigen, eine Freundschaft zerstören, zu Mobbing und physischer Gewalt führen. Dies ist der Fall, wenn den Kindern in ihrem Drohsystem die verbalen Mittel ausgehen. „Gewalt ist ein Substitut für verbale Kommunikation im Konflikt und so gesehen eine Fortführung mit anderen Mitteln“ (Messmer, 2003, S. 267). Daraus lässt sich ableiten, dass sozial niedrigere Schichten, die einen begrenzteren Wortschatz haben, frühzeitiger zu physischer Gewalt übergehen, während Kinder mit höherem Intellekt länger auf der verbalen Ebene bleiben können.

Manche Kinder sind in der Lage derartige Konflikte entweder zu lösen oder aber dem Kontrahenten aus dem Weg zu gehen. Ist ihnen dies nicht möglich, muss ein Erwachsener eingreifen, um den Streit zu schlichten. Fraglich ist jedoch, ob im Schulalltag die Lehrer von derartigen Machtkämpfen unter Schülern genug mitbekommen, um die eigentlichen Ursachen zu erkennen.

Bei einem Machtkonflikt zwischen einem Lehrer und seinem Schüler sehen die Folgen zum Teil anders aus. Greift der Lehrer zu Drohungen, um zum einen seine Machtposition deutlich zu machen, zum anderen den Unterrichtsverlauf schnell wieder aufnehmen zu können, nimmt er damit einige Risiken und Nachteile in Kauf. Sollte der Schüler sich nicht beugen, muss der Lehrer seine Drohung wahr machen. Reicht die Sanktion nicht aus, um den Schüler zur Raison zu bringen, müssen schwerwiegendere Sanktionen folgen, d.h. die Situation sowie die Maßnahmen eskalieren weiter. Der Lehrer verfügt über eine Reihe von Machtinstrumenten (siehe Kap. 2.1.1). Einige können die Karriere des Schülers stark beeinflussen und werden daher üblicherweise nicht als Erziehungsmittel verwendet. Setzt der Lehrer seine erste Sanktion jedoch schon hoch an, könnte er genötigt werden – sollte der Schüler weiter stören – auch auf diese Machtinstrumente zurückzugreifen. Dies kann für den Schüler schwerwiegende Folgen haben und auch der Lehrer wird vor sich verantworten müssen, dass er dem jungen Menschen möglicherweise seine Zukunft erschwert hat.

Da aber der Lehrer im hierarchischen Verhältnis höher steht als der Schüler, ist ein verlorener Machtkonflikt für ihn gleichzeitig eine Machteinbuße und ein Signal an den Rest der Klasse. „Jeder Rückzug schädigt sein Ansehen und Machtpotenzial, jede Umsetzung der Drohung hingegen schmälert die erhofften Gewinne“ (Messmer, 2003, S. 240). Verliert der Lehrer den Machtkonflikt, scheuen auch die übrigen Schüler die Konfrontation weniger. Dadurch wird zukünftig der Unterricht störungsanfälliger (vgl. Tymister, 2002, S. 84). Zudem kann es durch einen derartigen Vorfall vorkommen, dass die Schüler ihre Macht gegen den Lehrer einsetzen (siehe Kap. 2.1.1).

> Schüler können sowohl positive als auch negative Etiketten zuschreiben. Kategorisieren Schüler einen Lehrer als autoritär, als ‚Weichei‘, Alkoholiker oder ‚Schlächter‘, kann dieser Ruf zur Festschreibung, Stigmatisierung und Diskriminierung führen (Plaßmann, 2003, S. 259).

Seinen Ruf hat ein Lehrer nicht nur in einer bestimmten Klasse, sondern an der ganzen Schule. So kann ein verlorener Machtkonflikt sich auch auf den Unterricht in anderen Klassen auswirken. Ein Lehrer, der dies vor Augen hat, wird bemüht sein, keinen Machtkonflikt zu verlieren und notfalls auch zu harten Sanktionen greifen. „Die steigende Erregung der Lehrkraft macht dabei überlegte Reaktionen schwieriger“ schreibt Grewe (2002, S. 57). Die Aufregung und emotionale Beteiligung am Konflikt basiert auf der Tatsache, dass der Konflikt, sobald er die Ebene des Beziehungskonfliktes erreicht hat – also bereits eine Stufe vor dem Machtkonflikt – gekränkte Gefühle bei den Akteuren hervorruft. Auch der Lehrer fühlt, dass sein Selbstbild Schaden nimmt, wenn er seinen Machtanspruch vor dem Schüler nicht behaupten kann.

Der Schüler findet sich, wenn der Lehrer als Drohsteller auftritt, in der Rolle des Bedrohten wieder. „Jede Drohung impliziert für die Betroffenen eine signifikante Einschränkung bzw. die Aberkennung ihrer Selbstbestimmungsmöglichkeiten und wird auf Grund dessen schon im Vorgriff als Sanktionierung erlebt“ (Messmer, 2003, S. 241). Zumeist bleibt es auch nicht bei der Androhung der Sanktion, sondern der Lehrer setzt diese aus dem Bestreben konsequent zu sein auch um. Im Trotz und der Dynamik des Konflikts gefangen, merken die Kinder und Jugendlichen meist erst im Nachhinein, was die Sanktionen für sie bedeuten, wenn es bereits zu spät ist. In schwerwiegenden Fällen kann es sich um eine schlechte Note handeln, die sogar Auswirkungen auf die weitere Laufbahn haben kann.

Der Schüler muss zwar nicht um seinen Platz in der Hierarchie Lehrer-Schüler fürchten, da er ohnehin das untere Glied bildet, jedoch um sein Ansehen im Klassenverband. Auch sein Selbstbild kann Schaden nehmen und eine Demütigung vor Publikum verschlimmert die Niederlage. Grewe (2002, S. 57) warnt, dass „die Wahrscheinlichkeit steigt, dass die vor der Klasse bloßgestellten Schüler/innen ihre Selbstachtung durch Kompensationshandlungen an anderer Stelle wieder herstellen (z.B. in der Pause)".

Auf Grund der negativen Folgen auf einer oder beiden Seiten leidet auch die Beziehung unter dem Machtkonflikt. Nach Messmer ist der Gebrauch der Drohung ein Anzeichen sozialer Geringschätzung (vgl. Messmer, 2003, S. 288). Dies begründet er damit, dass der Drohsteller den Bedrohten lediglich als Hindernis empfindet, welches ihm erschwert seine Interessen durchzusetzen. Auf diese Weise wird die soziale Beziehung zwischen Lehrer und Schüler „auf einen einzigen negativen Aspekt hin zugespitzt [...]" (Messmer, 2003, S.225), worunter diese leidet. Eine geschädigte Beziehung kann wiederum, laut Grewe, jegliche weitere „erzieherische Einflussnahme auch bei Lernproblemen auf diesen Schüler verringer[n]" (Grewe, 2002, S. 57).

Es zeigt sich, dass die Folgen für beide Seiten ausgesprochen dramatisch ausfallen können.

2.1.4 Vorschläge zur Prävention und Bewältigung

Die beste Taktik ist sich nicht auf Machtkonflikte einzulassen, schreibt Charles (1996, S. 93). Um Störungen, die zu derartigen Konflikten führen können, im Vorfeld zu verhindern, schlägt Lohmann eine Reihe von proaktiven Strategien[4] vor. Er erläutert, wie wichtig das professionelle Auftreten des Lehrers ist, welches sich nicht nur durch Fachwissen auszeichnet, sondern auch durch angemessene Kleidung, eine aufrechte und präsente Körperhaltung sowie eine gute Ausdrucksweise (vgl. Lohmann, 2003, S. 94 ff.). Im Sportunterricht bedeutet dies für den Lehrer ebenfalls Sportkleidung zu tragen, um mit gutem Beispiel voranzugehen (vgl. Sieland, 2002, S. 52).

Um eine Beziehung zu den Schülern aufzubauen, schlägt Lohmann vor, Interesse für die Hobbys der Kinder und Jugendlichen zu zeigen und auch mal einen Witz zu erzählen. Generell hält er Humor für einen wesentlichen Faktor, um die Gunst der Schüler zu erlangen. Auf diese Weise soll, nach Lohmann, ein gutes Klassenklima aufgebaut werden, welches das Störpotenzial bereits im Vorfeld verringert (vgl. Lohmann, 2003, S. 112 ff.).

---

[4] Lohmann versteht hierunter „Prävention und Unterstützung" (Lohmann, 2003, S. 93).

Weiterhin sehen seine proaktiven Strategien die Einführung von Routinen und Prozeduren vor, in denen die Kinder Halt finden können, weil sie ihnen vertraut sind. Mit der Klasse sollen Regeln abgesprochen werden und die Klasse soll selbst für Fehlverhalten die Konsequenzen bestimmen (vgl. Lohmann, 2003, S. 119 ff., 126 f.).

Dieses Reglement findet sich auch bei anderen Autoren. So schreibt Charles, dass der Vorteil dieses Vorgehens darin besteht, dass die Schüler im Vorhinein wissen, welche Konsequenzen auf sie zukommen, wenn sie sich entscheiden zu stören, da sie die Regeln selbst mit formuliert haben (vgl. Charles, 1996, S. 97). Auf diese Weise haben sowohl Regeln als auch Konsequenzen mehr Verbindlichkeit für die ganze Klasse. Durch diese proaktiven Strategien sind bereits gute Vorbedingungen für ein angenehmes Lernen miteinander geschaffen. Weiterhin ist wichtig, dass auch der Unterrichtsinhalt und die Organisation des Unterrichts professionell strukturiert und für die Klasse angemessen sind (vgl. Bräutigam, 2003, S. 145). Narr (2002, S. 128 f.) schreibt, dass der Lehrer eine Bandbreite an Kompetenzen in sich vereinen muss, zu denen das Organisieren zählt und auch die Fähigkeit der Klasse das Gefühl des Vorwärtskommens zu vermitteln. Wenn die Schüler einen Sinn im Unterricht erkennen können und ihnen das Vorgehen des Lehrers transparent gemacht wird, ist wiederum das Störpotenzial geringer.

Unter den reaktiven Strategien fasst Lohmann (2003, S. 151) die Intervention und die Problemlösung zusammen. Zur Intervention zählt seiner Ansicht nach das Vermeiden negativer Emotionen, Aussagen in Ich-Botschaften zu formulieren (z.B. „Mich stört dein Verhalten.“), dem Störer Rückmeldung über die Auswirkung seines Verhaltens zu geben sowie eine vierstufige Eskalationsleiter (vgl. Lohmann, 2003, S. 159). Nach dieser soll dem Störer zuerst ein nonverbaler Hinweis gegeben werden, dass er eine Grenze überschritten hat. So könnte der Lehrer z.B. Augenkontakt zu ihm aufnehmen oder sich in seine Nähe begeben, ohne auf sein Verhalten verbal einzugehen. Dieses Vorgehen ist daher geeignet, weil es die Störung nicht sofort zum Zentrum des Interesses macht. Entscheidet sich der Schüler wieder am Unterricht teilzunehmen, ist er nicht vor seinen Klassenkameraden gemaßregelt worden.

Genügt der nonverbale Hinweis nicht, soll der Lehrer als Nächstes eine verbale Rückmeldung geben (vgl. Lohmann, 2003, S. 159). Hierbei darf keine allgemeine adressatenlose Aussage gemacht werden (z.B. „Seid bitte ruhig.“), sondern der Schüler muss namentlich angesprochen werden (z.B. „XY sei bitte ruhig.“). Effektiv ist auch, den Störer aufzufordern, mit seiner Aufgabe fortzufahren (z.B. „XY übe bitte weiter das Pritschen."). Es ist wichtig, dem Schüler konkrete Aufträge in kurzen Sätzen zu erteilen, die er nicht falsch verstehen kann. Sollte das Kind dennoch weiter stören, folgt nach Lohmann (2003, S. 159) der nächste Schritt der Eskalationsleiter. Dem Schüler werden die drei Fragen „Was tust du? Wie heißt die Regel? Wofür entscheidest du dich?" (Lohmann, 2003, S. 159) gestellt. Der Störer wird also explizit auf sein Fehlverhalten aufmerksam gemacht. Ihm wird vor Augen geführt, dass er gegen eine der Regeln verstößt, die er mit aufgestellt hat. Er kennt die Konsequenzen und weiß, was auf ihn zukommt, sollte er sich dafür entscheiden weiter zu stören. Dem Kind wird also bewusst die Entscheidung selbst überlassen.

Ist der Störer nach diesem Schritt immer noch nicht einsichtig, wird er mit einem Aufgabenplan zu einer Auszeit geschickt (vgl. Lohmann, 2003, S. 159). Hierfür existieren verschiedene Modelle. Im Trainingsraummodell gibt es speziell für derartige Fälle einen Raum mit einer Aufsichtsperson, die den Aufgabenplan, welcher sich noch einmal mit dem Störverhalten des Schülers beschäftigt, mit dem Kind durchgehen kann und es beaufsichtigt. Steht dem Lehrer kein Trainingsraum zur Verfügung, kann er den Schüler zu seiner Auszeit in einen abgetrennten Teil des Klassenraumes schicken oder im Falle der Sporthalle auf die Bank oder in einen separaten Raum. Hier ergibt sich jedoch ein Aufsichtsproblem, wenn dieser Raum für den Lehrer nicht einsichtig ist. Sollten sich derartige Vorfälle häufen, führt der Lehrer mit dem Schüler ein Problemlösungsgespräch, in dem mit dem Schüler zusammen nach den Ursachen gesucht wird sowie nach Lösungsvorschlägen, die für beide Seiten akzeptabel sind. Man einigt sich auf einen Plan, den der Schüler versucht einzuhalten (vgl. Lohmann, 2003, S. 187 f.). Sieland weist darauf hin, dass Schüler viel von Vorbildern lernen. Er plädiert daher dafür, als Kollegium geschlossen aufzutreten, eine gemeinsame Botschaft vorzuleben und sich auch in Maßnahmen bei Problemsituationen abzusprechen (vgl. Sieland, 2002, S. 53). Wenden alle Lehrer dieselben logischen Konsequenzen[5] bei Fehlverhalten an, so fällt es den Kindern leichter sich darauf einzustellen.

---

[5] *Logische Konsequenzen* sind nach Sieland Ergebnisse oder Maßnahmen, die sich aus dem Fehlverhalten des Schülers ergeben. Sie bauen logisch auf seinem Verhalten auf. Macht ein Schüler z.B. Unsinn an Turngeräten, muss er zu seiner eigenen Sicherheit und der anderer Schüler von dieser Übung ausgeschlossen werden. Logische Konsequenzen sind zu unterscheiden von *Strafen,* bei denen sich der Lehrer, laut Sieland, für das Fehlverhalten des Schülers rächt und dadurch zeigt, dass er hierarchisch höher steht (vgl. Sieland, 1996, S. 97).

Charles (1996, S. 93 f.) und Dreikurs et al. (2007, S. 42) geben auch Tipps, wie sich Lehrer verhalten sollten, die von Kindern provoziert werden. Laut ihnen sollten die Lehrer sich auf keinen Fall auf die Provokation einlassen, sondern sich als Autoritätsperson der Situation entziehen. Charles schlägt vor, den Unterricht zu unterbrechen, bis der Schüler bereit ist wieder vernünftig mitzuarbeiten. Er meint, dass der Schüler dadurch Druck von seinen Mitschülern bekommt und keine Möglichkeit mehr hat seine Macht gegen die des Lehrers auszutesten (vgl. Charles, 1996, S. 93). Dreikurs et al. (2007, S. 42) schreiben: „Der Lehrer kann sich geschlagen geben [und seine ‚Machtlosigkeit' eingestehen]. [...] Es ergibt keinen Sinn eine Autorität herauszufordern, die sich nicht herausgefordert fühlt." Weiterhin gehen sie mit Lohmann konform, indem sie vorschlagen, den Schüler an Gruppengespräche zu erinnern, in denen die Klassenregeln abgestimmt wurden. Als andere Möglichkeit geben sie an „die Segel des Lehrers aus dem Wind des Kindes" (Dreikurs et al., 2007, S. 43) zu nehmen, indem sie dem Lehrer raten genau das Gegenteil von dem zu tun, was er impulsiv am ehesten machen würde. Der auf diese Weise entstandene Überraschungseffekt kann einen Machtkonflikt vereiteln.

Von logischen Konsequenzen halten Dreikurs et al. im Kontext von Machtkonflikten nicht viel, da sie der Ansicht sind, dass für den Erfolg derartiger Maßnahmen ein Vertrauensverhältnis zwischen dem Lehrer und dem Schüler bestehen muss, welches aber durch den Machtkonflikt geschädigt sei (vgl. Dreikurs et al., 2007, S. 43). Außerdem plädieren sie dafür positives Verhalten von Schülern, die dazu tendieren Machtkonflikte anzuzetteln, durch Lob zu verstärken, um so dieses regelkonforme Verhalten zu festigen (vgl. Dreikurs et al., 2007, S. 42).

2.2 Empirie

Es gibt bisher keine Studien zu Machtkonflikten im Sportunterricht. Auch in anderen Fächern ist das Phänomen noch nicht explizit erforscht worden. An dieser Stelle können aber vier Studien vorgestellt werden, die sich am Rande mit dem Thema dieser Untersuchung beschäftigen. Aus ihnen können erste vorsichtige Schlüsse gezogen werden.

Die erste Studie, die hier dargestellt werden soll, ist von Dann und Humpert aus dem Jahr 1987. Sie beschäftigt sich mit der „Handlungswirksamkeit subjektiver Theorien[6] von Lehrern in aggressionshaltigen Unterrichtssituationen" (Dann & Humpert, 1987, S. 40). Die Untersuchung fand mit 21 Hauptschullehrern aus Baden-Württemberg statt, welche berichteten, Probleme mit aggressivem Schülerverhalten zu haben (vgl. Dann & Humpert, 1987, S. 42). Den Forschern erschien es angemessen mit doppelten Datensätzen zu arbeiten. Daher setzten sie sowohl Selbstberichte der Handelnden ein als auch systematische Fremdbeobachtung (vgl. Dann & Humpert, 1987, S. 41).

Untersucht wurden das subjektiv-theoretische Handlungswissen der Lehrer sowie ihr tatsächliches Handeln. Dann & Humpert bildeten Aggressionskategorien, welche jeweils mit einem Motiv gekoppelt wurden, welches sich die Lehrer für das Schülerhandeln vorstellen konnten. Angegeben wurden hierbei Rache, Verteidigung und Dominanz (vgl. Dann & Humpert, 1987, S. 42). Die Lehrer wurden befragt, „welche Maßnahmen in solchen Situationen zur Erreichung der [...] Ziele führen" (Dann & Humpert, 1987, S. 43). Die Untersuchung ergab, dass in aggressionshaltigen Situationen die Lehrer verstärkt neutrale Maßnahmen[7] anwenden, am zweithäufigsten jedoch zu punitiven Maßnahmen[8] greifen. Abschließend stellten die Forscher fest, dass entsprechend ihrer Hypothesen eine

> [...] Konsistenz zwischen Herstellungswissen und Handeln [nachgewiesen werden konnte, welche aber] allenfalls als ein Hinweis darauf angesehen werden [kann], daß subjektiv-theoretisches Wissen bei der Handlungssteuerung eine bedeutsame Rolle spielt. Zu berücksichtigen ist auch, daß sicher nicht in jedem einzelnen Fall – nicht bei allen Lehrern und nicht bei jeder Handlung – Konsistenz zwischen subjektiv-theoretischem Herstellungswissen und Handeln besteht. (Dann & Humpert, 1987, S. 48).

Die Probanden haben unter anderem das Motiv „Dominanz", also „Macht ausüben", für aggressives Schülerverhalten angeführt. Dies deutet darauf hin, dass hier auch Machtkonflikte unter den berichteten Fällen waren. Die Forschung von Dann und Humpert hat ergeben, dass die Lehrer häufig mit punitiven Maßnahmen auf aggressives Schülerverhalten reagieren. Da unter die punitiven Maßnahmen auch Drohen fällt, lassen sich die Probanden also auf die Provokation der Schüler ein. Aus dieser Studie können zwar keine

---

6 „Als gegenwärtig relativ weithin anerkannte Arbeitsdefinition kann gelten, daß subjektive Theorien – in Abhebung von isolierten Wissenselementen – mentale Repräsentationen der Selbst- und Weltsicht mit zumindest impliziter Argumentationsstruktur darstellen" (Dann & Humpert, 1987, S. 40).

7 Unter *neutralen Maßnahmen* fassen Dann & Humpert (1987, S. 43) Ignorieren, Abbrechen und Mahnen zusammen.

8 Unter *punitiven Maßnahmen* verstehen Dann & Humpert (1987, S. 43) Drohen, Bestrafen und Herabsetzen.

Angaben darüber gemacht werden, wie häufig dies geschieht, aber die Forschungsarbeit belegt, dass Machtkonflikte zum Schulalltag gehören.

Die zweite Studie, die unter dem Titel „Subjektive Theorien und erfolgreiches Handeln von Lehrer/-innen bei Unterrichtskonflikten" von Dann, Tennstädt, Humpert und Krause im Jahre 1987 veröffentlicht wurde, entstand mit Hilfe einer Stichprobe von 23 Lehrern aus Baden-Württemberg. Die Lehrkräfte hatten eine durchschnittliche Diensterfahrung von 9,8 Jahren (vgl. Dann et al., 1987, S. 308). Die Studie ist im Rahmen eines „umfassenden Forschungsprojektes über die Problematik ‚Aggression in der Schule' entstanden" (Dann et al., 1987, S. 307f.). Ihr Ziel war es herauszufinden, inwieweit sich die subjektiven Theorien der Lehrer über Aggression auf Disziplinstörungen in ihrem Unterricht auswirken.

Die Theorien wurden durch Fragebögen, Interviews und „Legetechniken zur Rekonstruktion kognitiver Handlungen" (Dann et al., 1987, S. 306) erhoben. Zur Klassifizierung wurden die Probanden in solche unterteilt, die einen hohen Störungspegel in ihrem Unterricht aufwiesen und solche mit einem geringen. Dadurch war eine eindeutige Differenzierung der beiden Gruppen gegeben.

Die Studie ergab, dass weniger erfolgreiche Lehrer häufig mit Androhungen auf Störungen reagieren. Integrative Maßnahmen wie Kompromisse schließen, sich einfühlen oder Ermutigungen aussprechen, wenden sie eher selten an (vgl. Dann et al., 1987, S. 314). Erfolgreiche Lehrer dagegen ziehen auch in Betracht, selbst die Ursache für die Störung zu sein. Sie sehen insgesamt mehr Handlungsmöglichkeiten und nutzen nur selten Maßnahmen mit punitivem Charakter (vgl. Dann et al., 1987, S. 315 f.). „Lehrer, bei denen innerhalb einzelner Konfliktepisoden nur eine Maßnahme ausreicht, haben einen geringeren Störungspegel in ihrer Klasse als Lehrer, die ab und zu ‚nachfassen' müssen" (Dann et al., 1987, S. 317).

Andererseits fanden Dann et al. auch heraus, dass der Unterrichtsverlauf weniger chaotische Formen annimmt, wenn zwei punitive Maßnahmen aufeinander folgen. Auch zeigte sich, dass die befragten Lehrer der Überzeugung sind, dass sie in Konfliktsituationen hart durchgreifen müssen. Herausgestellt hat sich aber, dass in der Praxis diejenigen mehr Erfolg haben, die weniger punitive Maßnahmen nutzen (vgl. Dann et al., 1987, S. 317). Dann et al. (1987, S. 218) fassen abschließend zusammen:

> Erfolgreiches Lehrerhandeln in Konfliktsituationen ist offensichtlich in differenzierter und systematischer Weise mit bestimmten Merkmalen der aggressionsbezogenen Subjekti-

ven Theorien verknüpft. [...] Lediglich die Rolle punitiver Maßnahmen bzw. eskalierender Bewältigungsstrategien wird von den Lehrer/-innen positiver gesehen, als sie sich aufgrund der Beobachtungen darstellt. (Dann et al., 1987, S. 318).

Diese Studie zeigt, dass Probanden, die häufig punitive Maßnahmen anwenden, also sich durch Drohungen auf Machtkonflikte einlassen, zu den weniger erfolgreichen Lehrkräften zählen. Daher kann abgeleitet werden, dass es weniger effektiv ist auf einen provozierenden Schüler mit Drohungen zu reagieren. Obwohl Lehrer wahrscheinlich über genügend Machtinstrumente verfügen, um einen Machtkonflikt gegen einen Schüler zu gewinnen, zeigt die Studie, dass es wirksamer ist das Kind nicht zum Verlierer zu machen, sondern durch neutrale Maßnahmen beide Seiten ohne Gesichtsverlust aus dem Konflikt zu manövrieren. Derartiges Vorgehen wirkt sich, laut Studie, positiv auf das Unterrichtsklima und damit auf die Störanfälligkeit aus (vgl. Dann et al. 1987, S. 315). Nichtsdestotrotz belegt die Studie auch, dass unter den Probanden fälschlicherweise die Meinung vorherrscht, dass punitive Maßnahmen – also eine Machtdemonstration – wirksamer seien. Dies lässt darauf schließen, dass Machtkonflikte im Schulalltag kein seltenes Phänomen darstellen.

Die dritte Studie wurde von Wahl im Jahre 1991 durchgeführt. Sie wurde unter dem Titel „Handeln unter Druck“ veröffentlicht. Es sollte herausgefunden werden, wie Lehrer in stressigen Situationen handeln. Die Daten hierfür wurden durch Beobachtungen sowie Interviews gewonnen. Wahl fand heraus, dass bei Lehrern bestimmte „Situations(auffassungs)klassen mit definierten Handlungs(auffassungs)klassen verbunden sind“ (Wahl, 1991, S. 144). Es zeigte sich, dass Lehrer, sobald sie die Situation in ihrem Klassenraum analysiert haben (z.B. Unruhe in der Klasse), eine Reihe von Handlungsalternativen aktualisieren (z.B. „Ermahnen“, „Drohen“, etc.), welche sich im Laufe ihrer Berufstätigkeit als praktikabel und effektiv erwiesen haben (vgl. Wahl, 1991, S. 144).

Auf diese Weise brauchen die Lehrer in der aktuellen Situation nur noch unter den verschiedenen Handlungsalternativen abwägen. Eine Hypothese über den Effekt der Maßnahme wird nicht mehr gemacht, da die Handlung bereits in ähnlichen Situationen erprobt wurde und für die Lehrer bereits im Vorfeld klar ist, zu welchem Ergebnis ihr Vorgehen führen wird (vgl. Wahl, 1991, S. 144). „Wird eine Situation beispielsweise als Provokation aufgefaßt, so ist dies nicht nur eine neutrale Einschätzung, sondern es ist implizit, daß der pädagogische Experte sich angegriffen fühlt, was im weiteren Handlungsprozeß Emotionen wie Ärger oder Angst mit sich bringen kann“ (Wahl, 1991, S. 145). Diese Emotionen hat Wahl als ausschlaggebenden Faktor für die Auswahl der Handlungsalternative identifiziert. So fungieren die Emotionen der Lehrer wie eine Weiche oder ein Wegweiser (vgl. Wahl, 1991, S. 146). Daraus resultiert jedoch auch, dass „in etlichen Fällen [...] die Emotionen [...] so stark [sind], daß die pädagogischen Experten recht ‚unpädagogisch' handeln und die sonst verfolgten schülerzentrierten Ziele für gewisse Zeit außer Kraft [gesetzt werden]" (Wahl, 1991, S. 146). Die Lehrer sind jedoch, nach Wahl, darauf angewiesen, ihre Entscheidung auf der Basis bereits erprobter, situativ gekoppelter Handlungsalternativen zu treffen, da es in der Situation zeitlich nicht möglich ist neue Handlungsmöglichkeiten zu entwickeln. Wahl fasst seine Ergebnisse in dem Satz zusammen:

> Die emotionale Tönung der Situationsauffassung scheint nicht nur ein wesentliches Merkmal bei der Zuordnung zu einer Situations(auffassungs)klasse, sondern auch ein wichtiger ‚Weichensteller' bei der Entscheidung für eine der durch die Verknüpfung nahegelegten Handlungs(auffassungs)klassen zu sein. (Wahl, 1991, S. 184).

Wahls Ergebnisse lassen zwei Schlussfolgerungen in Bezug auf Machtkonflikte zu. Zum einen hat er herausgefunden, dass das Handeln der Lehrpersonen von ihren Emotionen beeinflusst wird. Drohen ist nach Wahl eine Handlungsmöglichkeit, welche durch die Emotion Ärger oder Angst gewählt werden kann. Demzufolge handeln Lehrer in Machtkonflikten weniger rational, sondern emotionsgeleitet und dadurch manchmal unpädagogisch (vgl. Wahl, 1991, S. 145 f.).

Zum anderen verweist Wahl darauf, dass die Lehrer ihre Handlungsalternativen aus ihrer Berufserfahrung schöpfen. Hieraus lässt sich schlussfolgern, das junge Lehrer über weniger Handlungsalternativen verfügen als bereits erfahrenere Kollegen. Daher lässt sich vermuten, dass junge Lehrer häufiger auf Provokationen mit Drohungen reagieren, da ihnen noch nicht so viele Alternativen zur Verfügung stehen.

Die vierte Studie bekräftigt die Schlussfolgerung über den Vorteil der Berufserfahrung. Calderhead hat das Denken von Lehrern in Unterrichtssituationen erforscht. In seiner Metaanalyse stellt er fest, dass Probanden die Situation im Klassenzimmer zunächst beobachten, dann evaluieren und anschließend auf Grund des Ergebnisses ihrer Bewertung ihre Unterrichtstaktik beibehalten oder diese ändern, um ihre Schüler wieder dazu zu bringen das erwünschte Verhalten zu zeigen (vgl. Calderhead, 1984, S. 8).

Ferner stellt er fest, dass jungen Lehrern entweder die konzeptuellen Strukturen fehlen, um die Situation im Klassenraum zu analysieren, oder diese zu undifferenziert sind. Dies nimmt er an, weil die jungen Probanden – im Gegensatz zu ihren erfahreneren Kollegen –

wesentlich weniger Informationen aus einer Situation herauslesen konnten (vgl. Calderhead, 1984, S. 15). Weiterhin findet er heraus, dass erfahrene Lehrer andere Konzepte über Schulkinder haben als junge Kollegen. Calderhead schreibt, dass erfahrene Lehrer in gewisser Weise ihre Klasse bereits ‚kennen', bevor sie sie das erste Mal betreten haben (vgl. Calderhead, 1984, S. 15). Ihnen ist bereits im Vorfeld klar, auf welche Arten von Disziplinproblemen sie stoßen könnten. Dies ist insofern ein Vorteil, weil sie auf diese Weise bereits ein entsprechendes Repertoire an Interventionsstrategien im Kopf haben, wenn sie die Klasse betreten.

Die Studie von Calderhead belegt, dass es jungen Lehrern an Erfahrung mangelt, die ihnen helfen könnte mit Konfliktsituationen routiniert umzugehen. Daher kann an dieser Stelle geschlussfolgert werden, dass junge Lehrer mehr Probleme mit dem Erkennen von Machtkonflikten sowie dem Umgang mit selbigen haben.

3 Empirische Untersuchung

Der empirische Teil der Studie untersucht, wie die Sportlehrer eines Gymnasiums mit Machtkonflikten in ihrem Sportunterricht umgehen. Hierzu wurden fünf Sportlehrer über ihre Erfahrungen mit dem Phänomen befragt. Die empirische Untersuchung beschäftigt sich also mit der Dokumentation von Ansichten über Machtkonflikte und Strategien im Umgang mit solchen, aus Sicht der Lehrer. Es geht in der Untersuchung explizit um die Erfahrungen der Lehrer.

Zunächst wird die Fragestellung formuliert, auf der die Studie und der gesamte kommende empirische Teil aufbauen. Dem schließt sich die Beschreibung und Begründung der Erhebungsmethode und des Erhebungsinstrumentes an (siehe Kap. 3.2). Darauf folgt die Erläuterung der Untersuchungsdurchführung (siehe Kap. 3.3). Im Anschluss werden die fünf Interviews dargestellt (siehe Kap. 3.4 – 3.8) und danach interpretiert (siehe Kap. 3.9). Eine Zusammenfassung der Ergebnisse der Studie beschließt den empirischen Teil (siehe Kap. 3.10).

3.1 Entwicklung und Formulierung der Fragestellung

In Kapitel 2 ist das Phänomen des Machtkonfliktes ausführlich analysiert worden. Es hat sich gezeigt, dass Machtkonflikte aus vielen verschiedenen Situationen und Ursachen heraus entstehen können (siehe Kap. 2.1.2). Die Folgen können für beide Parteien äußerst negativ sein, weswegen ein professioneller Umgang mit dem Problem wünschenswert wäre (siehe Kap. 2.1.3). In der Theorie existieren auch Vorschläge, wie mit Machtkonflikten umgegangen werden kann (siehe Kap. 2.1.4). Ob diese Strategien in der Praxis umgesetzt werden oder ob Sportlehrer andere Maßnahmen im Umgang mit Machtkämpfen als effektiv empfinden, ist bisher nicht empirisch erforscht worden.

Die vorgestellten Studien haben gezeigt, dass der Machtkonflikt im Schulalltag keine Seltenheit sein kann (siehe Kap. 2.2). Daher ist es wichtig, effektive Strategien für den Umgang mit dem Problem von den Experten – den Sportlehrern – zu erfahren. Gerade für junge Lehrer ist es wichtig, wie die Studien gezeigt haben, Handlungsalternativen zu lernen, um schnell ein großes Repertoire in derartigen Situationen zur Verfügung zu haben. Aus diesem Grund ergibt sich folgende Forschungsfrage:

Wie gehen Sportlehrer mit Machtkonflikten um?

3.2 Auswahl und Begründung der Erhebungsmethode und des Erhebungsinstrumentes

Als Forschungsmethode wurde die qualitative Sozialforschung[9] gewählt. Diese Entscheidung ist dadurch begründet, dass der Forschungsgegenstand – der Machtkonflikt in Bezug auf den Sportunterricht – „komplex, unübersichtlich [und] teilweise [bzw.] ganz unbekannt ist“ (Heinze, 2001, S. 27). Zwar steht durch andere Studien fest, dass das Problem vorhanden ist und in der Theorie existieren Strategien zur Vermeidung desselbigen, aber explizit erforscht wurde der Machtkonflikt bisher noch nicht. Daher eignet sich die qualitative Sozialforschung in besonderem Maße, weil sie dazu beiträgt Hypothesen über das Phänomen zu generieren, welche im Anschluss durch weitere Studien überprüft werden können (vgl. Merton & Kendall, 1979, S. 201).

Da das Objekt der Forschung – nämlich der Umgang mit Machtkonflikten – nach Wahl (1991, S. 146) stark emotionsgeleitet ist, bietet sich das qualitative Einzelinterview zur Datenerhebung an. Hierbei stehen der Forscher und seine Probanden in direktem Dialog, sodass eine genaue Dokumentation dessen stattfinden kann, was der Befragte subjektiv erlebt und empfunden hat. Da sich bereits im Vorfeld abzeichnete, dass es sich beim Machtkonflikt um ein sensibles Thema handelt (siehe Kap. 1), ist das Einzelinterview einem Gruppeninterview vorzuziehen, da anzunehmen ist, dass die Probanden in Gegenwart ihrer Kollegen weniger offen über ihre subjektiven Erfahrungen berichten können. Für die Erhebung der Daten wurde eine Kombination aus Experteninterview (vgl. Gläser & Laudel, 2009) und fokussiertem Interview (vgl. Merton & Kendall, 1979) gewählt. Das

9 „Mit qualitativer Forschung ist [...] ein ganz allgemeines Wissenschaftsverständnis gemeint, das mehr Wert legt auf deskriptive und interpretative Analyse des Subjekts [...] und die Ergebnisse dann schrittweise verallgemeinert“ (Mayring, 1992, S. 12).

Experteninterview zeichnet sich dadurch aus, dass mit dieser Methode Experten[10] eines bestimmten sozialen Kontextes über ihre Erfahrungen befragt werden. Von Interesse sind hier „Handlungen, Beobachtungen und Wissen des Interviewpartners" (Gläser & Laudel, 2009, S. 43), weniger dessen Emotionen. Dies würde sich also auf Strategien im Umgang mit Machtkonflikten beziehen.

Da jedoch bei Machtkämpfen auch viele Emotionen im Spiel sein können, welche die Auswahl der Handlungsalternative bestimmen, ist es wichtig auch diese zu erfragen, um das Handeln der Lehrkräfte zu verstehen. Im fokussierten Interview sind die Empfindungen, die Personen durch bestimmte Situationen hatten, im Zentrum des Interesses. So schreiben Merton und Kendall (1979, S. 172), dass es wichtig ist herauszufinden, „welche [...] Gefühle ins Spiel gebracht wurden, welche persönlichen Assoziationen auftauchen und wesentlich sind." Im Kontrast zum Experteninterview plädieren Merton und Kendall dafür, im Vorfeld Hypothesen aufzustellen und diese im Interview zu überprüfen (Merton & Kendall, 1979, S. 171). Dies ist im Kontext des Machtkonfliktes weniger empfehlenswert, da noch zu wenig über das Problem bekannt ist. Aus diesem Grund wird hier die Vorgehensweise des Experteninterviews gewählt, bei dem auf der Basis der Interviews Hypothesen aufgestellt werden (vgl. Gläser & Laudel, 2009, S. 77).

Da das Leitfadeninterview dafür eingesetzt wird „besondere individuelle Erfahrungen zu eruieren" (Atteslander, 2008, S. 132), eignet sich diese Methode, um die für die Forschungsfrage relevanten Daten zu erheben. Auch Merton und Kendall wie auch Gläser und Laudel favorisieren das Leitfadeninterview. Gläser und Laudel (2009, S. 43) gehen sogar so weit zu schreiben: „Wegen des zunächst unbekannten Wissens des Experten verbietet sich auch ein standardisiertes oder halbstandardisiertes Vorgehen. Unter den nichtstandardisierten Interviews ist das Leitfadeninterview aus verschiedenen Gründen vorzuziehen."

Zu diesen Gründen gehört, dass den Probanden die Gelegenheit gegeben wird, die Dinge zum Gesprächsthema zu machen, die sie für wichtig halten (vgl. Merton & Kendall, 1979, S. 178). Der Interviewer kann flexibel darauf reagieren, weil der Forscher, wie Atteslander (2008, S. 124) schreibt, „einen hohen Freiheitsspielraum [hat], da er die Anordnung oder

[10] *„Experte' beschreibt die spezifische Rolle des Interviewpartners als Quelle von Spezialwissen über die zu erforschenden sozialen Sachverhalte. Experteninterviews sind eine Methode, dieses Wissen zu erschließen.*" (Gläser & Laudel, 2009, S. 12).

Formulierung seiner Fragen dem Befragten jeweils individuell anpassen kann." Gleichzeitig ist jedoch durch den Leitfaden gewährleistet, dass sich alle Probanden zu den Themen äußern, die der Forscher auf Grund seiner Analyse des Phänomens für bedeutsam hält (vgl. Merton & Kendall, 1979, S. 171). Auf diese Weise wird auch eine bessere Vergleichbarkeit der Daten aus den verschiedenen Interviews geschaffen (vgl. Merton & Kendall, 1979, S. 184). Aus diesen Gründen ist der Interviewleitfaden ein effektives Instrument zur Erhebung der relevanten Daten.

3.3 Beschreibung und Begründung der Untersuchungsdurchführung

Die Untersuchung ist an einem Gymnasium durchgeführt worden. Die Wahl ist aus dem Grund nicht auf eine Haupt-, Gesamt- oder Realschule gefallen, weil – wie in Kap. 2.1.3 erläutert wurde – bei den Gymnasialschülern eine höhere Wahrscheinlichkeit besteht, dass sie sich bei Machtkonflikten länger im verbalen Bereich aufhalten. Dies kann daraus abgeleitet werden, dass die übrigen Schulformen eine höhere Gewaltstatistik aufweisen (vgl. Bundesverband der Unfallklassen, 2005 S. 9). Auch physische Gewalt kann nach Messmer (2003, S. 267) als Fortsetzung eines Machtkonfliktes mit anderen Mitteln verstanden werden, doch derartiges Konfliktverhalten ist bereits unter der Thematik „Aggression und Gewalt" erforscht worden. Aus diesem Grund wurde das Gymnasium als Schulform ausgewählt. Die Untersuchung wurde lediglich an einem und nicht an mehreren Gymnasien durchgeführt. Auf diese Weise kann davon ausgegangen werden, dass alle Lehrer im selben Umfeld agieren. So kann die Variable „Schule" für alle Probanden als gleich betrachtet werden.

Da vor allem der Raum, in dem die Interviews geführt werden, nach Diekmann (2007, S. 468) von Bedeutung ist, wurde ein Raum in derselben Schule organisiert. Es handelte sich nicht um einen Klassenraum, sondern einen Konferenzraum im Lehrerzimmertrakt, was für die Probanden die Möglichkeit bot, die Interviews direkt im Anschluss an ihren Unterricht zu machen. Auf diese Weise konnte den Lehrern zusätzlicher Aufwand erspart werden. Weiterhin sollte die vertraute Umgebung zu einer entspannten Atmosphäre beitragen. Dies wurde als wichtig angesehen, da es sich bei dem Thema „Machtkonflikte im Unterricht" um ein Tabu-Thema zu handeln schien und die Befragten über ihre individuellen Erfahrungen mit dem Problem berichten sollten. Es wurde angenommen, dass es den Probanden unter

Umständen peinlich sein könnte. Daher wurde großer Wert darauf gelegt eine möglichst lockere und gelöste Atmosphäre zu schaffen.

Befragt wurden zwei Frauen und drei Männer im Alter von 31 bis 58 Jahren. Diese Stichprobe wurde bewusst unter verschiedenen Gesichtspunkten ausgewählt. Es handelte sich um zwei junge Kollegen und drei Kollegen mit 30 und mehr Jahren Berufserfahrung, sodass in der Studie eine durchschnittliche Lehrerfahrung von 20,6 Jahren besteht. Die starken Altersunterschiede wurden gewählt, um zu sehen, ob es Unterschiede im Umgang mit Machtkonflikten zwischen den jungen und den erfahrenen Probanden gibt. Auch geschlechterspezifische Unterschiede könnten durch die Gruppenzusammensetzung (2 Frauen und 3 Männer) erfasst werden, sofern diese vorhanden sind.

Die Interviews wurden nicht direkt im Anschluss an Sportstunden gelegt, da die Wahrscheinlichkeit, dass gerade in dieser Stunde ein Machtkonflikt auftreten würde, nicht abzuschätzen war und eher als gering angesehen wurde. Daher wurde auf die terminlichen Wünsche der Lehrer eingegangen, was wichtiger erschien.

Die Befragung der Lehrer fand mit Hilfe eines Leitfadeninterviews statt. Alle Teilnehmer der Studie wurden bereits im Vorfeld über das Thema und das Ziel der Studie informiert. Vor der Befragung wurden sie um ihre Einwilligung gebeten, dass das Interview per digitaler Tonaufnahme mitgeschnitten werden durfte. Es wurde ihnen versichert, dass ihre Daten anonymisiert werden. Aus diesem Grund sind die Interviews alphabetisch durchnummeriert und die Befragten werden mit Proband[11] A etc. betitelt. Die fünf aufgezeichneten und transkribierten Interviews bilden die Basis der in Kap. 3.4 bis 3.9 durchgeführten Analyse. Während des Interviews befanden sich nur der Interviewer und jeweils ein einzelner Proband im Raum, sodass ihre Aussagen nicht durch das Beisein Dritter verzerrt werden konnten (vgl. Diekmann, 2007, S. 468f.).

Der Fragebogen wurde nach logisch aufeinanderfolgenden Punkten aufgebaut und durchnummeriert. Der Vorteil des Leitfadeninterviews besteht jedoch gerade darin, dass die Leitfragen im Laufe der verschiedenen Interviews der Gesprächsführung der Probanden angepasst werden können (vgl. Gläser & Laudel, 2009, S. 42). Auf diese Weise ist es dem Interviewer möglich auf Aspekte einzugehen, die der Proband ins Gespräch einbringt.

---

[11] Die Bezeichnungen Proband, Lehrer, Pädagoge und Befragter werden synonym verwendet, da es sich in diesem Kontext um dieselbe Person bzw. dieselbe Personengruppe handelt.

Insofern stellt der Leitfaden nach Gläser & Laudel (2009, S. 42) eher eine Richtschnur dar, an der sich der Interviewer orientieren kann. Es ist zunächst wichtiger, die Probanden dazu zu bewegen von sich aus zu erzählen. Dann muss jedoch auch darauf geachtet werden, dass alle wichtigen Themen zur Sprache kommen, um auf diese Weise das komplette Spektrum des Phänomens zu erfassen und dieses auch in ausreichender Tiefe zu behandeln (vgl. Merton & Kendall, 1979, S. 178; S. 191).

Der entwickelte Fragebogen soll im Folgenden vorgestellt werden. Hierfür werden die Überschriften der Leitfragen aus Gründen der Übersicht in den Text integriert. Der vollständige Interviewleitfaden ist dem Anhang zu entnehmen.

Überschriften des Leitfadens

1. Definition
2. Pädagogische Bedeutung
3. Ursachen
4. Indikatoren
5. Umgangsmöglichkeiten mit Machtkonflikten
6. Folgen
7. Abschluss

Unter der Überschrift 1. – Definition – wird nach den subjektiven Definitionen der Probanden von „Macht“, „Konflikt“ und „Machtkonflikt“ gefragt. Zum einen soll durch diese Fragen, welche noch nichts mit den eigenen Erfahrungen zu tun haben, die mögliche Anspannung der Lehrer gelockert werden. Da es um die subjektiven Definitionen geht, kann es hier keine richtigen oder falschen Antworten geben. Gläser und Laudel (2009, S. 147) schreiben: „Als erste Frage sollte immer eine ‚Anwärmfrage‘ gestellt werden, das heißt eine Frage, die für den Interviewpartner leicht zu beantworten ist.“ Überdies ist es nötig, dass die Probanden eine eigene Definition von „Machtkonflikt“ zu Beginn des Interviews zu Protokoll geben, damit der Interviewer über das Verständnis der Lehrer von „Machtkonflikten“ im Kontrast zu normalen Konflikten im Bilde ist. Sie werden bereits hier gebeten Beispiele zu erzählen, damit sie von Anfang an mindestens eine Situation vor Augen haben.

Überschrift 2. – Pädagogische Bedeutung – bezieht sich auf die pädagogische Bedeutung, die die Lehrer Machtkonflikten beimessen. Es wird in diesem Teil erfragt, ob die Probanden Machtkämpfe für pädagogisch notwendig oder verwerflich halten. Diese Frage sollte ursprünglich am Ende des Interviews stehen, da die Überlegung war, dass die Lehrer vielleicht erst über Machtkonflikte reden müssen, um sich darüber klar zu werden, wie sie diese bewerten. Um den logischen Ablauf der Punkte 3. bis 6. jedoch nicht zu unterbrechen, wäre die „pädagogische Bedeutung“ direkt nach den „Folgen“ von Machtkonflikten gekommen. Hier wurde antizipiert, dass dies dazu führen könnte, dass die Lehrer ausschließlich negative Aussagen treffen würden, weil sie durch die Folgen, die sie genau vorher beschrieben haben, beeinflusst werden könnten. Daher wurde diese Leitfrage den Definitionen nachgeordnet.

Im Anschluss daran wird das Phänomen Machtkonflikt unter Überschrift 3. – Ursachen – von Grund auf besprochen. Die Lehrer sollen hier ihre Sichtweise darlegen, was ihrer subjektiven Vorstellung nach Machtkämpfe hervorrufen kann. Da die Probanden bereits unter Überschrift 1. um ein Beispiel gebeten werden, können sie nun darauf zurückkommen. Auf diese Weise ist es ihnen möglich die Ursachen aus erlebten Situationen abzuleiten und sie werden nicht dazu verleitet Vermutungen anzustellen.

Nachdem sie über mögliche Gründe für Machtkonflikte gesprochen haben, geht der Leitfaden auf die Indikatoren über. Da die Lehrer nun eine Situation vor Augen haben sowie deren Ursachen erzählt haben, können sie überprüfen, ob sie Indikatoren in der Situation bemerkt haben. Sie werden zudem immer wieder gebeten noch ein weiteres Beispiel zu erzählen, sofern sie sich an eines erinnern.

Unter Überschrift 4. – Umgangsmöglichkeiten mit Machtkonflikten – sollen die Probanden noch einmal explizit schildern, wie sie in dem Machtkampf aus ihrem Beispiel agiert haben. Sie werden darum gebeten, ein Beispiel aus ihrer Erfahrung zu wählen, bei dem sie meinen, dass der Machtkonflikt positiv verlaufen ist. Dies soll bezwecken, dass am Ende des Interviews nicht nur die Erkenntnis steht, dass Machtkämpfe vermieden werden sollten, sondern auch Strategien gewonnen werden, welche in der Praxis bereits erprobt sind.

Als vorletzter Punkt des Leitfadens werden von den Lehrern die Folgen von Machtkonflikten erfragt. Wieder sollen die Probanden an einem Beispiel deutlich machen, welche Folgen ihre Beispielsituation nach sich gezogen hat.

Zum Abschluss wird dem Befragten noch einmal die Gelegenheit gegeben, eigene Ansichten, die noch nicht im Interview aufgetaucht sind, zu ergänzen. Hier wird ihnen zum einen die Möglichkeit gegeben eigenständig Aspekte zu dem Thema beizutragen, die der

Forscher bisher übersehen hat, zum anderen wird der Forderung Rechnung getragen, dass die Probanden nach Abschluss des Interviews kein schlechtes Gefühl haben sollen, womit die Frage nach den Folgen als Abschlussfrage ausscheidet. So schreiben Gläser und Laudel (2009, S. 148): „So wie die erste sollte die letzte Frage angenehm sein, also weder besonders schwierig noch heikel. Andernfalls bestünde die Gefahr, dass das Interview einen unangenehmen Eindruck hinterlässt."

Zusätzlich zum Interview wurden von den Probanden die demografischen Daten erfragt, welche für die Auswertung von großer Bedeutung sind.

Im Folgenden schließt sich die Darstellung der einzelnen Interviews an. Hierzu werden die Aussagen der einzelnen Befragten aus Gründen der Übersicht und Chronologie unter den Leitfadenüberschriften wiedergegeben. Es wird jeweils das gesamte Interview vorgestellt, bevor zum nächsten Probanden übergegangen wird. Ergänzend werden vorher die wichtigsten demografischen Angaben kurz zusammengefasst.

3.4 Zusammenfassung des Interviews A

Die Probandin A ist weiblich und 57 Jahre alt. Ihre Berufserfahrung beträgt 32 Jahre. Sie kann somit als erfahrene Sportlehrerin angesehen werden. Das zweite Fach der Befragten ist Pädagogik.

Definitionen

Die Probandin definierte Macht als hierarisches Gefälle zwischen zwei Personen oder Personengruppen, wobei die höher stehende Instanz Befehlsgewalt über die untergeordnete hat. Diese Macht kann sie auch mit Zwang durchsetzen. In der Schule kann dies durch „die Zensurengebung, [durch] verbale Attacken, oder […] unter Druck […] setzen“ durchgeführt werden.

„Konflikt“ wurde dargelegt als das Aufeinandertreffen unterschiedlicher Interessen. Dies legte die Probandin einmal interpersonal („wenn die Schülervorstellungen nicht mit denen des Lehrers übereinstimmen“) sowie intrapersonal („wenn ich mich zwischen zwei Dingen entscheiden muss“) aus. In der Schule wurde Konfliktpotenzial zunächst ausschließlich zwischen Lehrern und Schülern assoziiert.

Den Machtkonflikt definierte die Probandin als renitentes, anhaltendes Widersetzen eines Schülers gegen ihre Anordnungen. Dies kann ihrer Auslegung zufolge in offener Rebellion geschehen, aber ebenso gut auch in unbeteiligtem Verhalten. „Sich eher passiv zu verhalten, mal nicht immer so alles mitzumachen. Das ist dann manchmal so ein bisschen versteckt im Hintergrund“.

Als Beispiel eines Machtkonfliktes schilderte sie eine Situation, in der ein Schüler eine Schiedsrichterentscheidung nicht akzeptierte. Auf Provokationen eines anderen Schülers hin rastete er aus, schlug zunächst auf diesen ein und verließ dann die Sporthalle, ohne auf die Zurechtweisung der eingreifenden Lehrerin einzugehen.

Pädagogische Bedeutung

Im Interview sagte die Probandin, dass sie durchaus pädagogischen Sinn in Machtkonflikten zwischen Schülern und Lehrern sehen würde. Dieser liegt ihr zufolge darin, dass die Kinder und Jugendlichen lernen können, mit Konfliktsituationen umzugehen und vor allem in Machtkonflikten sich mit Autoritätspersonen auseinanderzusetzen. „Also, es macht schon Sinn, damit die eben auch mal lernen sich auseinanderzusetzen mit Erwachsenen, mit Autoritätspersonen – soweit man das als Lehrer noch ist". Sie gab aber auch zu, dass sie an derartige „pädagogische Bedeutung[en]" in der Situation selbst nicht denken würde.

Ursachen

Die Probandin nannte viele verschiedene Gründe für Machtkonflikte. Ihr zufolge liegt eine Hauptursache in der Entwicklung der Schüler. Im Verlauf ihrer Pubertät wollen die Jugendlichen ihre Stärke oder auch Macht gegen Erwachsene und Lehrer austesten. Ein weiterer Beweggrund für Schüler ihren Lehrer zu provozieren ist der Reiz auszutesten, wie weit man beim einzelnen Lehrer gehen kann. Ihrer Meinung nach versuchen Schüler eher Frauen in Machtkonflikte zu verwickeln als Männer. Die Probandin vermutet, dass es daran liegt, dass „die männlichen Kollegen [...] da auch manchmal andere Möglichkeiten" haben. Als weitere Ursache für eine Schülerprovokation gegen den Lehrer führt sie den Protest des Schülers gegen eine bestehende Unterrichtssituation an. Ihr zufolge drücken Kinder und Jugendliche ihr Missfallen gegenüber bestimmten Bedingungen oder Themen auch durch Machtkonflikte aus. So sollen Sportspezialisten – z.B. Vereinsfußballer – besonders schwer zu Themen wie Gymnastik / Tanz zu bewegen sein. „[...] dann gibt es häufiger schon mal so Protest, weil man das einfach unter seiner Würde findet".

Auch die Schülerkonstellation in einer Klasse kann zu „Machtkämpfchen" führen. Die Probandin gibt an, dass durch einen Wiederholer die Klassendynamik verändert werden kann. Die Klasse nötigt den älteren Schüler durch ihre Bewunderung dazu seine Macht gegenüber der Lehrperson zu demonstrieren.

Bei Machtkämpfen zwischen Schülern sieht sie als erstes den Wunsch nach Spaß als Ursache. Auch hier wird getestet, wie weit man gehen kann. Der Spaß ist auch im Sinne von Schadenfreude zu verstehen, wenn ein Schüler auf Grund einer Schülerprovokation den Unterricht stört – indem er z.B. ausrastet – und daraufhin vom Lehrer gemaßregelt wird.

Die Probandin erzählte im Interview, dass absolute Weigerungen von Schülern im Sportunterricht eher selten seien. Auf die Nachfrage, ob es in ihrem anderen Fach (Pädagogik) häufiger zu Machtkonflikten käme, sagte sie, dass die Machtkämpfe hier anders seinen auf Grund des höheren Alters der Schüler. Als Beispiel gab sie häufig unerledigte Hausaufgaben an.

Indikatoren

Laut der Probandin kommt es für sie eher unerwartet zu Machtkonflikten: „[...] das ist ja meist so abrupt und man ist auch nicht vorbereitet". Dies ist aber überwiegend der Fall, wenn sie eine Klasse noch nicht gut kennt. In Gruppen, die sie bereits länger unterrichtet, sind ihr Konstellationen sowie Einzelpersonen, die Konfliktpotenzial bergen, bekannt. Sie sagte im Interview: „dann kennt man natürlich schon so die Reaktionen des einen oder anderen". Sie ist, laut eigener Angabe, in der Lage, derartigen Störungen vorzubeugen. In ihrem Beispiel kannte sie die Klasse noch nicht lange genug. Hinterher erfuhr sie über den Klassenlehrer sowie auch die Klassenkameraden des Schülers, dass dieser bereits öfter, auch in anderen Fächern, den Unterricht eigenmächtig verlassen hatte. Derartiges Wissen rechnet sie zu Indikatoren und erhält diese Informationen über Kollegen oder auch aufgeschnappte Schülerkommentare wie z.B. „Der hat doch immer was zu meckern" und „Der geht doch gleich immer auf die Palme".

Strategien im Umgang mit Machtkonflikten

Die Probandin ist der Ansicht, dass sie sich ihre Strategien im Umgang mit Konflikten im Allgemeinen und mit Machtkonflikten im Speziellen durch Ausprobieren angeeignet hat.

Bereits im Vorfeld versucht sie Konflikte zu vermeiden, indem sie Provokationen von Kindern gegen aufbrausende Schüler in ihrem Unterricht zu unterbinden sucht. „[W]enn ich das vielleicht eher gewusst hätte, [...] hätte [ich] gar keinen Schüler eingesetzt zum Schiedsrichtern, um das von vorneherein ein bisschen abzumildern".

Auf Weigerungen gegen ihre Anweisungen reagiert die Probandin, ihren Angaben zufolge, zunächst mit Fragen nach den Beweggründen des Schülers und Erklärungen der Notwendigkeit ihrer Direktiven. Geht es darum, dass ein Schüler nicht der Partner eines anderen sein will, versucht sie diesen durch empathische Überlegungen zur Einsicht zu bewegen. Dieses Prinzip der Empathie, gepaart mit der Übergabe von Verantwortung, wendet sie auch an, wenn ein Schüler häufig gegen Schiedsrichterentscheidungen aufbegehrt, indem sie ihn selbst in diese Position versetzt. Bleiben all diese Bemühungen erfolglos, wird der Schüler auf die Bank verwiesen. Speziell für spielfreudige Kinder sei dies eine Strafe, berichtete die Probandin.

Gegen das absichtliche Vergessen von Turnbekleidung hat sich die Sportlehrerin eine spezielle Strategie ausgedacht. Jedem vergesslichen Schüler wird aus dem Kleiderfundus der Schule (vergessene Sportkleidung anderer Schüler) eine passende Sportbekleidung herausgesucht, welche er in der Stunde zu tragen hat und nach dem Unterricht zu Hause waschen und wieder mit in die Schule bringen muss. Diese Strategie hat in ihrem Unterricht nach ihren Angaben großen Erfolg erzielt.

In ihrem Beispiel, in dem sich der Schüler ihrer Unterrichtsführung entzogen hatte, informierte die Probandin den Klassenlehrer, den Schulleiter und die Eltern des Schülers. Der Schüler musste sich nach der Sportstunde beim Schulleiter melden und von seinen Eltern eine unterschriebene Kenntnisnahme des Vorfalls mitbringen.

Widersetzen sich Schüler renitent ihren Übungs- oder Arbeitsaufträgen, so kann, nach der Probandin, durch bestimmte Disziplinen Druck ausgeübt werden, wie z.B. in der Leichtathletik beim Laufen auf Zeit. Dieser Effekt wird durch die Vergabe von Noten verstärkt. Das Druckmittel „Note" empfindet die Probandin jedoch als „das letzte und hilfloseste Mittel".

Sie berichtet aber auch davon, dass Provokationen von Schülern ihre Geduld strapazieren und sie sich, je nach Situation, sehr darüber ärgert und aufregt. Diese innere Erregung beeinflusst ihre Maßnahmen im Umgang mit den Schülern und kann sie verschärfen. Situationen, die sie als drastisch erlebt hat, wie das berichtete Beispiel, belasten die Probandin auch noch längere Zeit nach dem Vorfall. „Wenn ich jetzt wieder daran denke, finde ich es auf der einen Seite eine Ungeheuerlichkeit und ja, das beschäftigt einen schon sehr, dass man auch in einer gewissen Hilflosigkeit ist". Sie beschreibt, dass sie nach derartigen Ausnahmesituationen grübelt, ob sie etwas hätte besser machen können.

Folgen

Die Folgen stellen sich für die Probandin verschiedentlich dar, aber ausschließlich aus Lehrerperspektive. So beschreibt sie, wie bereits erwähnt, dass sie länger emotional mit derartigen Ereignissen beschäftigt ist und überlegt ob sie sich richtig verhalten hat oder welche Alternativen es gegeben haben könnte. Weiterhin verweist sie auf das Verhältnis zur Lerngruppe, welches sich im Zuge von Machtkonflikten, ihrer Erfahrung nach, verändern kann. Derartige Konflikte stellen die Lehrperson in einem bestimmten Licht dar – z.B. in der „Schwächlingsrolle" oder aber als „riesen Autorität – als Despot". Aufgrund dieser Darstellung ändert sich, laut der Probandin, das Verhältnis einiger Schüler zum Lehrer und dadurch wird die Atmosphäre angespannt. Sie berichtet, dass sich, nach der Auseinandersetzung mit dem Schüler, ein „Fanclub" um selbigen gescharrt hat, welcher versuchte absichtlich „möglichst wenig zu tun". Die Schülergruppe vermittelte ihr das Gefühl, „ständig Regeln aufstellen [zu] müssen" und „viel mehr strafen [zu] müssen". Diese veränderte Lernatmosphäre empfand die Probandin als belastend.

3.5 Zusammenfassung Interviews B

Der Proband B ist männlich und 58 Jahre alt. Seine Berufserfahrung beträgt 30 Jahre, wobei er angab, bereits seit dem zweiten Semester seines Studiums 11 Stunden pro Woche Sport unterrichtet zu haben. Sein zweites Fach ist Erdkunde.

Definitionen

Der Proband empfindet den Begriff „Macht" im schulischen Kontext als problematisch. Seiner Meinung nach bewirkt fast ausschließlich die Sach- und Fachkompetenz des Lehrers, dass er von seinen Schülern akzeptiert wird. Im Verlauf des Interviews stellt er jedoch deutlich heraus, dass es zwischen ihm als Lehrer und seinen Schülern immer ein hierarchisches Gefälle gibt. „Es geht nicht basisdemokratisch. Hier Lehrer - da Schüler. Man kann Situationen konstruieren, wo die Hierarchie aufgehoben wird, aber letztendlich muss sie im Hinterkopf von jedem Schüler da sein". Verfehlungen werden in seinem Unterricht konsequent geahndet.

Ein Konflikt resultiert seiner Meinung nach aus einem Mangel an Wissensvorsprung zwischen Lehrer und Schüler. Er betont immer wieder, dass die fachliche Kompetenz des Lehrers für einen störungsarmen Unterricht ausschlaggebend sei. Soziale Konflikte zwischen Schülern, die sich auf den Unterricht auswirken, treten zwar auch bei fachlich kompetenten Lehrern auf, doch hierfür gibt es präventive Strategien.

Den Machtkonflikt definiert der Proband als ein ständiges in Frage stellen des Lehrers durch den Schüler. Dies ist laut ihm nur möglich, wenn der Schüler der Ansicht ist, in einem bestimmten Bereich (z.B. einer bestimmten Sportart) mit dem Lehrer ebenbürtig oder sogar besser zu sein.

Diese Konstellation, bei der ein Schülers in einem sportlichen Bereich besonders gut ist (z.B. ein Vereinsspieler), gepaart mit einem aufbrausenden Temperament, bezeichnet er als Standardsituation für Machtkonflikte.

Der Proband erklärte, dass Lehrer nur sehr selten Machtkonflikte zwischen ihren Schülern mitbekommen würden, da diese sehr versteckt abliefen. Als Sportlehrer hätte man mit zwei bis drei Stunden in der Woche auch kaum eine Chance mehr darüber herauszufinden.

Pädagogische Bedeutung

Der Proband konnte im Machtkonflikt selbst keine pädagogische Bedeutung feststellen. Lediglich die ergriffenen pädagogischen Maßnahmen können dem Schüler „eine Lehre" sein. Hierzu müssen sie jedoch in direkter Verbindung mit seiner Verfehlung stehen, damit der Schüler dies auch reflektieren kann.

Ursachen

Die Ursachen für Machtkonflikte sieht der Proband zum einen beim Lehrer und zum anderen beim Schüler. Seiner Ansicht nach ist die Fachkompetenz des Lehrers die entscheidende Größe. Sie ist es, die dem Lehrer Respekt in der Klasse verschafft. Zeigt er sich inkompetent, kann der Schüler nicht davon ausgehen, dass das, was der Lehrer ihm sagt, für ihn das Richtige ist. Daraus resultiert die Auflehnung des Schülers. Laut dem Befragten haben gerade jüngere Kollegen mit diesem Problem zu kämpfen, da ihnen die Erfahrung und die Fachkompetenz noch fehlen.

Weiterhin haben die jungen Lehrer an einer Schule noch keinen Ruf, welcher – nach Ansicht des Probanden – äußerst wichtig ist. Seiner Meinung nach muss sich ein neuer Lehrer innerhalb der ersten Jahre den Ruf eines strengen, aber fachlich kompetenten Lehrers aufbauen. Nur dann ist es möglich, dass er die erste Phase seines Lehrberufes, in der – laut dem Probanden – die Machtkonflikte sehr zahlreich sind, erfolgreich hinter sich lässt. Vertut er diese Chance, wird er auch weiterhin mit Machtkonflikten zu kämpfen haben. „[O]hne diesen Ruf hat man ein ganz großes Problem". Dieser wird auch dadurch beeinflusst, ob der Lehrer konsequent die Abarbeitung seiner pädagogischen Maßnahmen nachverfolgt. Wenn ein Lehrer zwar Sanktionen verhängt, diese jedoch nicht nachprüft, so geht dies zu Lasten seines Rufes.

Besonders schwierig haben es, nach der Meinung des Probanden, die jungen Kolleginnen, da diese noch zum „Beuteschema" der Oberstufenschüler zählen und daher nicht als Lehrperson respektiert werden. Er betont, dass die Hierarchie in der Klasse klar und gefestigt sein muss, um ständige Machtkämpfe zu vermeiden. Daher bezeichnet er basisdemokratischen Unterricht als Schimpfwort.

Auf der Schülerseite sieht der Proband die Pubertät und das situative Ausleben aller Emotionen der Jugendlichen als Hauptauslöser von Machtkonflikten. Hierbei seien vorwiegend Jungen diejenigen, von denen die Probleme ausgingen. Diese seien von Natur aus wilder als Mädchen. Der Prototyp eines provozierenden Schülers ist, seiner Meinung nach, ein hoch pubertierender und sehr aufbrausender Junge, der aber in einer gewissen Sportart als Experte der Klasse gilt und in dieser dem Lehrer ebenbürtig ist oder diesen sogar übertrifft. Weiterhin verweist der Proband auf ADHS-Kinder, von denen auch häufig Probleme ausgingen, da man sie immer wieder ermahnen müsse, diese sich aber nicht kritisieren lassen wollten. Er vermutet weiterhin, dass auch die Sozialisation im Elternhaus Kinder dazu bewegt, Machtkonflikte zu provozieren, wenn sie gelernt haben, dass sie damit bei ihren Eltern Erfolg haben. Als strategische Ziele von Machtkonflikten glaubt er, dass die Schüler den Lehrer dazu bringen wollen, Inhalte im Unterricht zu behandeln, die ihnen Spaß machen (z.B. Fußball spielen). Bei Oberstufenschülern kann er sich auch vorstellen, dass diese versuchen den Lehrer einzuschüchtern, um dadurch eine bessere Note zu bekommen.

Indikatoren

Anzeichen für drohende Machtkonflikte kann der Proband keine nennen. Er erklärt jedoch, dass er weiß, bei welchen Schülern Probleme auftreten können und in welchen Situationen dies passieren kann. Daher ist er nicht unvorbereitet, wenn es zu einem Konflikt kommt. Manchmal lässt sich dieser jedoch auf Grund der Sportspielregeln zunächst nicht verhindern, da für jeden die gleichen Regeln gelten. Er gibt weiterhin an, dass dieses Wissen über die potenziellen Reaktionen der Schüler in den ersten Wochen, spätestens aber nach einem Vierteljahr Unterricht in einer Klasse, bei ihm vorhanden sei. Dieses Wissen basiert auf Erfahrungen mit den Schülern und resultiert aus Gesprächen, die er mit den Kindern führt, die krank sind und auf der Bank sitzen müssen. Über sie versucht er an Informationen über die Gruppendynamik in der Klasse und mögliche Probleme zu gelangen.

Strategien im Umgang mit Machtkonflikten

Der Proband erklärte, einfach auf seinen Instinkt zu hören, da er aus Erfahrung wisse, was Schüler in einem bestimmten Alter brauchen würden. Als präventive Strategien erläuterte er im Falle von Mannschaftsbildung, „akzeptable Zufallsentscheidungen" zu treffen (z.B. nach Größe, Geburtsdatum etc.) und ohnehin nach dem Grundsatz zu verfahren, dass in seinen Klassen jeder mit jedem Sport treiben müsse. Zu diesem Zweck wechsle er auch mitten in der Übung die Partner. Auf diese Weise habe er keine Probleme im Teambildungsprozess. Überdies versucht er Teamgeist in seinen Klassen zu forcieren.

Um der Klasse seine fachliche Kompetenz vorzuführen, rät er auch mal mit den eigenen Fähigkeiten zu „strunzen" oder sie, wenn möglich, gleich vorzuführen. Auf diese Weise ist den Schülern bewusst, dass ihr Lehrer ihnen fachlich überlegen ist, womit die Hierarchie auf der Basis des Wissens und Könnens klar ist. Aus dieser Position heraus gibt der Proband seinen Schülern viel Freiraum, setzt aber gleichzeitig klare Grenzen, auf deren Einhaltung er genau und konsequent achtet. Gerade im Sport sei dies leicht, da man hier die Regeln der Sportspiele anwenden könne, die man gerade übe. Regelverstöße werden geahndet und die Sanktion wird der Klasse mitgeteilt, damit die unbeteiligten Schüler sehen, dass jeder gleich und möglichst gerecht behandelt wird. Auf diese Weise hat er seinen Ruf an der Schule, welcher im Vorfeld schon den Großteil der Konflikte abwendet. Treten bei bestimmten Sportspielen gehäuft Störungen auf, passt er die Regeln an die Bedürfnisse der Schüler an. Weiterhin versucht der Proband über kranke Kinder, die auf der Bank sitzen, Probleme in der Klassengemeinschaft zu erfahren. Auf der Basis dieses Wissens ist er auf etwaige Konflikte vorbereitet und kennt die Schüler, die er im Auge behalten muss.

In der Fachkonferenz Sport ist ferner beschlossen worden, dass kein Schüler im Sportunterricht untätig sein darf. So müssen sowohl kranke Kinder als auch solche, die ihr Sportzeug vergessen haben, sich in den Unterricht einbringen, bzw. ein Protokoll der Stunde schreiben. Auf diese Weise ist dem absichtlichen Vergessen der Sportbekleidung vorgebeugt.

Tritt dennoch ein Konflikt oder gar ein Machtkonflikt auf, ist es dem Probanden wichtig, eine Balance zu finden, zu „deeskalieren, aber auch ganz klar seinen Anspruch als Lehrer durchzusetzen." Hierzu sollte man – nach Meinung des Befragten – den Schüler aus der Situation herausnehmen und das Vier-Augen-Gespräch suchen, um ihm zu erklären, warum er sich in der Situation falsch verhalten hat. Ist der Schüler sehr emotional und schreit herum, findet der Proband es legitim auch laut zu werden, um zu dem Schüler durchzudringen. Dennoch ist es wichtig, dass der Lehrer dies nicht in hoher Erregung tut, sondern die Maßnahme besonnen einsetzt. So sagte er: „Das muss erst einmal von Lehrerseite total ruhig eigentlich gehen, was nicht unbedingt heißt, dass man nicht schreien kann". Der Proband sagte von sich, dass er als er in einer derartigen Situation war nur kurz wütend gewesen wäre, sich daraufhin als Person aber wieder zurückgenommen hätte und wieder als Lehrer agiert habe.

Auf die Verfehlung des Schülers sollte, laut dem Befragten, „eine pädagogische Maßnahme – [er] sage lieber Sanktion" folgen, die etwas mit der Handlung des Schülers zu tun hat. So schlägt er vor, Referate über die verletzte Sportspielregel für die darauffolgende Stunde aufzugeben, um dem Schüler direkt wieder die Möglichkeit zu geben etwas zu lernen. Eine andere Maßnahme – wie der Proband es ausdrückt – sind sinnlose Aufgaben, wie z.B. das Abschreiben der Hausordnung und dabei nur jedes zweite Wort. Auf diese Weise will er dem betreffenden Schüler die Sinnlosigkeit seines Tuns vor Augen führen. Die Sanktion liegt in seinen Augen in der vertanen Zeit des Schülers.

Manchmal, wie in seinem beschriebenen Beispiel, greift der Befragte auch zu außergewöhnlichen Maßnahmen (z.B. einem Schüler als Deal zu erlauben sich mit seinem Stuhl auf den Tisch zu setzen), um seine pädagogischen Ziele zu erreichen und hat, nach eigenen Angaben, damit meistens Erfolg. Sollte der Schüler auf keine der genannten Maßnahmen reagieren, bleibt – laut Probanden – immer noch die Note. Man kann den Schüler vor die Wahl stellen, ob er die Aufgaben im Unterricht leisten will oder wissentlich eine 6 für Arbeitsverweigerung bekommen möchte.

Wichtig ist jedoch in seinen Augen, dass nach erfüllter Strafe die Angelegenheit vom Lehrer vergessen wird und dem Schüler nichts nachgetragen wird.

Folgen

Bei Machtkonflikten mit Schülern steht, nach Aussage des Probanden, der Ruf des Lehrers auf dem Spiel. „Also, wenn der Lehrer ihn verliert, dann hat er nicht nur kurzfristige Folgen, sondern langfristige". Nach Ansicht des Befragten verbreitet sich die Ansicht „Mit XY können wir es machen" sehr schnell unter der Schülerschaft einer ganzen Schule. Der Lehrer muss dann mit seinem Ruf leben und die folgenden Machtkämpfe erdulden oder er muss die Schule wechseln. Auch das kann in einer kleinen Stadt nicht ausreichen, weil – nach dem Probanden – einem der Ruf an die neue Schule vorauseilen kann. Weiterhin besteht der Nachteil, dass sich die Beziehung zwischen Lehrer und Schüler sehr verschlechtern kann. Laut dem Probanden mangelt es Schülern an der Distanz zum Konflikt, sodass sie daraus Vorurteile gegenüber dem Lehrer aufbauen, welche sie so schnell nicht überwinden können.

Bedenklich findet er auch, dass Mädchen sich auf Grund solcher Konflikte eher zurückziehen als Jungen, die ihre Probleme eher offen und explosiv zu regeln versuchen. „Das stört dann natürlich die Gruppe weniger – ist nur schlechter für das Mädchen".

3.6 Zusammenfassung des Interviews C

Es handelte sich bei Interview C um einen 33 jährigen Sportlehrer mit 6 Jahren Berufserfahrung. Ein halbes Jahr seiner beruflichen Laufbahn verbrachte er an einer Realschule, bevor er an sein jetziges Gymnasium wechselte. Sein zweites Fach ist Englisch.

Definitionen

Der Befragte assoziierte mit Macht „Dominanz und Unterwürfigkeit". Dies fand er aber für den schulischen Kontext unpassend, weswegen er sich an den Begriff Macht erst gewöhnen musste. Er erklärte, dass aus Sicht der Schüler sicherlich ein Machtgefälle zwischen Lehrern und Schülern bestehen würde und sich die Kinder immer eher in der unterlegenen Rolle befinden würden. Er meinte aber auch, dass es willensstarke Schüler gäbe, die gegen diese Machtverhältnisse unter bestimmten Bedingungen rebellieren würden. Im Verlauf des Interviews verwies der Proband sporadisch darauf, dass er in Konfliktsituationen seine Macht als Lehrer durch Verbote ausübe.

Den Konflikt definierte der Proband zum einen aus Lehrer-Perspektive als Situation, in der die Schüler den Lehrer beim Erreichen seiner unterrichtlichen Ziele stören. Zum anderen können auch die Schüler der Ansicht sein, der Lehrer habe durch die Verfolgung unterschiedlicher Ziele einen Konflikt verursacht. Laut Beschreibung des Probanden kann es im Schulalltag schwelende Konflikte geben, die nicht angesprochen werden und auf der anderen Seite offene Konflikte, „bei denen man dann wirklich aneinandergerät – verbal".

Im Kontrast zum Konflikt beschreibt der Befragte den Machtkonflikt als einen Situation, in der der Lehrer das Gefühl hat die Kontrolle über die Situation und / oder den Schüler zu verlieren. Dies kann laut dem Probanden dann geschehen, wenn der Schüler auf die Anweisungen des Lehrers nicht reagiert und der Lehrer dadurch seine „Autorität untergraben fühl[t]".

Der Proband erzählte ein Beispiel aus seiner Realschulzeit und zwei aus seiner Gymnasialzeit. Aus ersterer schilderte er eine Stunde, in der er mit den Schülern Partnerakrobatik betreiben wollte. Ein Schüler setzte sich über alle Sicherheitsregeln des Sportlehrers hinweg und trat einer Schülerin in den Rücken, woraufhin diese ins Krankenhaus gebracht werden musste. Der Proband erklärte: „[I]ch [habe] mich natürlich auch extrem provoziert gefühlt, weil ich dann ja denke: „Warum erarbeiten wir hier Sicherheitshinweise, wenn ihr es hinterher nicht einhalten könnt'". Aus seiner Zeit am Gymnasium erzählte er einen Vorfall, bei dem ein Mädchen die freie Übungszeit nicht nutzen wollte und sich auch nicht auf seine Aufforderungen hin wieder mit Turnübungen befassen wollte. Weiterhin schilderte er eine Stunde, in der ein vergessenes Sportzeug zum Auslöser für einen Machtkonflikt wurde. Der Junge, der als Ersatzleistung für die Stunde ein Protokoll schreiben sollte, warf „mit einem Ball durch die Gegend [...] obwohl [zwei andere Schüler] gerade etwas erklärt haben". Die mehrmaligen Ermahnungen des Lehrers verärgerten den Jungen, sodass er nach der Stunde in der Umkleide den Mülleimer durch die Kabine trat. Daraufhin wies der Proband den Schüler laut und scharf zurecht, woraufhin dieser wortlos die Sporthalle verließ. Der Befragte erklärte: „Ich hatte das Gefühl, ich verliere die Kontrolle über diesen Schüler. Also letztendlich habe ich echt den Eindruck, es geht um Kontrolle".

Pädagogische Bedeutung

Der Proband ist der Ansicht, dass Machtkonflikte zum Entwicklungsprozess von Kindern und Jugendlichen gehören und daher als normal anzusehen sind. Die Schüler „versuchen ihre Identität und Persönlichkeit auch einfach dadurch aufzubauen, dass sie sich von anderen abgrenzen und versuchen ihre Grenzen auszutesten". Derartige Machtkonflikte finden sowohl in der Schule, als auch zu Hause statt. Wichtig findet der Befragte, dass die Konflikte vernünftig miteinander besprochen werden, damit ein Lernerfolg verzeichnet werden kann. Hierunter versteht er die Entwicklung von Empathiefähigkeit, die Einsicht, dass „unterschiedliche Menschen auch unterschiedliche Bedürfnisse haben und dass man, um miteinander klarzukommen, Kompromisse finden muss". Er sieht somit die natürlich auftretenden Machtkonflikte als Ausgangspunkt für soziales Lernen im Unterricht. Dies kann seiner Ansicht nach gut durch situationsorientierte Ansätze geschehen.

Ursachen

Die Ursachen für Machtkonflikte sieht der Proband sowohl in den Bedingungen des Sportunterrichts, als auch in den beiden Akteuren. Er erklärte, dass „in der Sporthalle natürlich ein ganz anderes soziales Gefüge [...] als im Klassenraum" herrsche. Dies liegt daran, dass die Schüler sportlich interagieren und aus diesem Grund einen anderen Handlungsrahmen haben. Zu diesem Rahmen gehören die Regeln des jeweiligen Sportspiels. Diese können auf vielfältige Weise zu einem Auslöser für einen Machtkonflikt werden. So kann ein Foul oder die Interpretation einer Regel generell Streit unter den Schülern verursachen. Um diesen zu schlichten muss der Lehrer manchmal eingreifen. Hieraus können sich dann Machtkonflikte zwischen Lehrern und Schülern entwickeln. Der Sport birgt somit anderes Konfliktpotenzial als der Klassenraumunterricht, wie der Proband meint. So würde es in seinem anderen Fach z.B. zu Konflikten zwischen ihm und den Schülern kommen, wenn diese die Aufgaben, die er ihnen stelle, nicht erledigen wollen, sich aus Gruppenarbeiten heraushalten oder im Unterricht reden.

Auch im Sportunterricht kann letzterer Punkt zu einem Machtkonflikt führen wenn er als Sportlehrer eine neue Übung erklären möchte, die Schüler aber lieber mit einem Ball durch die Gegend schießen. Derartiges Desinteresse seitens der Schüler, bzw. die Nicht-Befolgung seiner Anweisungen, vermitteln dem Probanden das Gefühl, in seiner Autorität nicht ernst genommen zu werden. „Dann habe ich für mich schon wieder den Konflikt, weil ich ja will, dass alle mir zuhören". Besonderen Wert legt der Befragte auf die Sicherheitsstandards seines Unterrichts. Nehmen die Schüler diese nicht ernst, birgt das für ihn großes Konfliktpotenzial.

Er hegt auch die Befürchtung, dass Lehrer – er selbst eingeschlossen – Schüler unbewusst stigmatisieren, daher besonders auf diese Kinder achten und aus diesem Grund auch sensibler auf deren Verhalten reagieren. „So nach dem Motto: Ah, jetzt macht der wieder so einen Mist…Und dann steigt einem selber schon wieder so ein bisschen die Unruhe hoch und man achtet besonders da drauf". Seiner Meinung nach könnten ältere Kollegen das Problem haben, dass sie der Ansicht sind, den störenden Schüler schon tausendmal ermahnt zu haben. In Wirklichkeit haben sie jedoch bereits seit zwanzig Jahren Schüler ermahnt, die immer wieder auf ähnliche Weise störten. Dennoch sind es immer wieder neue Schüler, die Kollegen haben aber keine Lust mehr schon wieder die gleiche Ermahnung auszusprechen und sanktionieren daher eher.

Auf Schülerseite sieht er besonders bei den willensstarken Schülern Konfliktpotenzial, die, „wenn sie ein Ungerechtigkeitsgefühl haben" dieses dann auch verbalisieren im Gegensatz zu den Schülern, die sich „nicht dagegen wehren würden". Besonders im Bereich Sport sieht der Proband das Konfliktpotenzial darin, dass Schüler auf Grund von Langeweile oder Unverständnis Spielregeln brechen. In derartigen Fällen kann es zu Machtkonflikten unter Schülern kommen. Muss der Lehrer in das Geschehen eingreifen, so kann sich die Situation auch zu einem Lehrer-Schüler-Machtkonflikt entwickeln. Selbiges gilt, wenn Schüler besonders egoistische Verhaltensweisen im Spiel zeigen, wie z.B. den Ball nicht abgeben. In seinen beschriebenen Situationen wurde einmal einer seiner Sicherheitsstandards mit verheerenden Folgen nicht berücksichtigt, ein anderes Mal entstand der Machtkonflikt im Grunde durch vergessenes Sportzeug und schaukelte sich durch weitere Verfehlungen des Schülers aus Sicht des Probanden zu einem Machtkonflikt auf.

Indikatoren

Der Proband berichtete aus seiner Erfahrung nie vorher bemerkt zu haben, wenn sich ein Machtkonflikt anbahnte. Er meinte, dass dies wohl das große Problem in solchen Situationen sei. Seiner Ansicht nach wisse man als Lehrer, welche „der Schüler eher dazu neigen, mal Quatsch zu machen", aber dieses Wissen könne er nicht als Indikator nutzen.

Strategien im Umgang mit Machtkonflikten

Der Grundsatz des Befragten ist es, mit Schülern freundlich und höflich umzugehen und sie zu respektieren. Um präventiv Störungen seines Unterrichts zu vermeiden, bekommen kranke Schüler oder solche, die ihr Sportzeug vergessen haben, wie im Beispiel entweder die Aufgabe ein Protokoll der Stunde anzufertigen oder aber sie werden als Hilfestellung bei Übungen eingesetzt.

Weiterhin erklärt der Lehrer diesen Schülern, dass er sich auf den Rest der Gruppe konzentrieren muss und daher nicht möchte, dass sie in der Halle herumlaufen. Dies tut er, damit den Schülern seine Forderung transparent ist. Da er ein „gelassener Typ" ist, ist er auch bereit seine Schüler zweimal zu ermahnen, bevor er strengere Worte wählt. Dies gelingt ihm jedoch nicht immer. An schlechten Tagen – berichtet der Proband – würde er dann auch seine Ermahnung durch die Halle schreien, was für ihn jedoch unbefriedigend sei. Es ist ihm wichtig, dass die Schüler verstehen, warum er etwas von ihnen möchte, bzw. dass sie verstehen, was sie falsch gemacht haben.

Aus diesem Grund führt er zur Klärung von Konflikten pädagogische Gespräche. Dies sollte nicht vor der ganzen Klasse geschehen, sondern es sollte ein Vier-Augen-Gespräch sein, was zwar zeitnah nach dem Konflikt stattfinden sollte, jedoch erst, wenn sich die Gemüter abgekühlt haben. Denn der Proband gab in den Beispielen, die er geschildert hat, an, sich von den Schülern extrem provoziert gefühlt zu haben und „super wütend" und

„total aufgebracht" gewesen zu sein. Um in derartigen Situationen nicht über zu reagieren, nehme er sich einen Moment zurück. Dies gelänge aber nicht an schlechten Tagen, an denen er vielleicht schlecht geschlafen hätte.

Wachsen sich die Störungen zu Machtkonflikten aus, so greift der Proband auch zu anderen pädagogischen Maßnahmen, wie z.B. einer schriftlichen Elternbenachrichtigung. Er legte Wert darauf zu betonen, dass er nie einen Schüler einfach aus dem Spiel herausgenommen und auf die Bank gesetzt habe, da die Kinder diese Maßnahme womöglich nicht mit den Ursachen in Verbindung setzen könnten. Lediglich in seinem Beispiel an der Realschule hat er dem schuldigen Schüler lauthals schreiend dessen Fehler aufgelistet und ihn daraufhin auf eine Bank in einer Ecke der Halle geschickt. Dies, so sagte der Proband, „zeugt natürlich dann auch von Hilflosigkeit [seinerseits]".

In weniger gravierenden Fällen nutzt der Befragte Konflikte zu situationsorientiertem Lernen, indem er den Rest der Klasse erzählen lässt, warum es unangebracht ist, dass der Mitschüler die Regeln bricht. Ferner ist der Lehrer der Ansicht, dass Schüler ab der 10. Klasse in der Lage sind, die Konsequenzen ihres Handelns abzuschätzen. Aus diesem Grund ließ er eine Schülerin, die sich weigerte die freie Übungszeit zu nutzen, mit dem Verweis auf ihre Note, welche sie für die Präsentation bekommen würde, gewähren.

Der Proband berichtete aus eigener Erfahrung, dass junge Lehrer zunächst mit Machtkonflikten überfordert wären, da sie mehr mit sich selbst und dem Umsetzen ihrer geplanten Unterrichtsstunden beschäftigt seien. Nach Aussage des Befragten sei es in der Zeit sehr schwer alles unter Kontrolle zu halten. Auftretende Störungen führten sofort zu Stress, da dem jungen Lehrer noch nicht ausreichend Handlungsmöglichkeiten einfielen. Die Reaktionen würden auf Grund dessen bisweilen wesentlich gereizter ausfallen. Als andere Alternative würden Störungen am Anfang öfters ignoriert in der Hoffnung, sie mögen sich von selbst regeln. Insofern ist der Proband der Ansicht, dass erfahrene Lehrer – zu denen er sich mittlerweile zählt – mit Konflikten und Machtkämpfen wesentlich besser fertig werden, da sie über mehr Routine verfügen.

Folgen

Die Folgen von Machtkonflikten sieht der Proband zum Großteil auf der Seite des betreffenden Schülers. So befürchtet der Befragte, dass ohne seine pädagogischen Gespräche die Schüler ihn nach Machtkämpfen nicht mehr als Lehrperson akzeptieren und den

Konflikt weiter noch in sich tragen. Aus diesem Grund möchte er immer versuchen, durch den Dialog wieder ein gutes Verhältnis zum Schüler aufzubauen. Der Proband ist sich darüber im Klaren, dass ein Gesichtsverlust vor Freunden in der Entwicklungsphase des Teenagers für den jeweiligen Schüler sehr schlimm sein kann. Daher führt er immer Vier-Augen-Gespräche und trägt Machtkonflikte nicht vor der Klasse aus. Der Proband erklärte, dass durch einen Machtkampf, den der Lehrer gewänne, der Wille des Schülers gebrochen werden könne und darunter das Selbstbild des Schülers leiden könne.

Auf der anderen Seite empfindet er selbst die Machtkonflikte mit seinen Schülern auch als sehr unangenehm. Nach derartigen Konflikten fragt er sich, warum er sich hat provozieren lassen und was er hätte anders oder auch besser machen können. Er hat das Gefühl, in diesem Fall als Pädagoge versagt zu haben. Diese Gedanken oder auch die Wut auf den Schüler beschäftigen ihn auch noch zu Hause, wie er in dem Beispiel mit dem vergessenen Sportzeug schilderte: „[I]ch [hatte] auch die ganze Zeit überhaupt nicht die Möglichkeit mich irgendwie zu beruhigen. Ich habe mich da wahrscheinlich auch ein bisschen rein gesteigert. Man hat das ja die ganze Zeit vor Augen, die Situation".

Er hat die Erfahrung gemacht hat, dass derartige Konflikte sowohl für den Schüler, als auch für ihn selbst sehr emotional belastend sein können. Deshalb versucht er mit den pädagogischen Gesprächen, von denen er berichtete, diese Emotionen aus der Welt zu schaffen, um wieder ein freundliches Miteinander zu ermöglichen. Er berichtete, dass ihm im oben angesprochenen Fall auch gut gelungen sei: „Seitdem kommen wir wieder gut miteinander klar. Happy End".

3.7 Zusammenfassung des Interviews D

Die Befragte ist 31 Jahre alt und weiblichen Geschlechts. Sie ist seit vier Jahren berufstätig. Folglich hat sie noch keine große Berufserfahrung. Ihr zweites Unterrichtsfach ist Französisch.

Definitionen

Die Probandin erklärte, dass es im Bereich Schule mehrere Ebenen der Macht gäbe. So hätten zum einen Schüler untereinander Macht, da sie innerhalb ihrer Klasse eine Art Rangordnung festlegten. Durch diese Struktur- und Gruppenbildung hätten die Höherstehenden Macht über die Außenseiter. Diese Art der Macht, die aus dem Kollektiv hervor geht, wird, laut der Probandin, auch gegen den Lehrer getestet. Der Lehrer indes hat auf Grund der Tatsache, dass er die Schüler benotet, eine höhere hierarchische Position. Diese muss er, nach der Probandin, auch gegen die Testversuche der Schüler behaupten. Aber „wenn man mit einer Klasse gut auskommt, muss man das nicht sofort klar darstellen“, erklärte die Befragte.

Den Konflikt definierte die Probandin als sich widersprechende Zielsetzungen. Diese können sowohl zwischen Schülern sein, als auch zwischen Schülern und dem Lehrer. Sie erklärte, dass Konflikte im Sportunterricht keine Seltenheit seien.

In Abgrenzung zum Konflikt beschrieb die Befragte den Machtkonflikt als Auseinandersetzung, bei der eine Partei über die andere „versucht wirklich Macht auszuüben“ und bei der „jemand sich persönlich angegriffen fühlt“. Ferner erklärte sie, dass dies zwischen Schülern im Sportunterricht einfacher ersichtlich sei. „[D]ie Macht [wird deutlicher], weil sie nicht nur verbal wie im Klassenraum möglich ist, sondern auch körperlich – einerseits durch sportliche Leistung, andererseits durch die Aktionen, die im Sportunterricht noch laufen“.

Als hervorstechendes Beispiel beschrieb sie eine Situation, in der ein Oberstufenschüler sich entgegen der Regel nicht bei ihr abgemeldet hat, um zur Toilette zu gehen, sondern mit den Worten „Ey, ich muss mal pissen“ die Halle verließ. Vor allem die Wortwahl des Schülers verärgerte die Lehrerin. Weiterhin schilderte sie einen Fall, in dem ein Außenseiter das Thema Ringen und Kämpfen auszunutzen versuchte, um sich durch pure Kraft eine bessere Position in der Klassenrangordnung zu erkämpfen. Ein weiteres Beispiel, dass der Probandin einfiel, war eine Situation, in der sie einen Schüler bat, Kugeln vom Sportplatz in die Halle zu tragen, was dieser einfach nicht machte.

Pädagogische Bedeutung

Die Probandin sieht den Machtkonflikt als Ausgangspunkt für soziales Lernen. So können die Schüler ihr zufolge lernen, Konflikte gewaltfrei durch produktive Diskussionen beizulegen. Im Zuge dessen können sie Empathiefähigkeit durch Rollenspiele erwerben. So ist es nach Ansicht der Probandin eine gute Möglichkeit, auch einmal andere Kinder in die Rolle des Außenseiters zu bringen, um ihnen die Perspektive klar zu machen. Weiterhin ist sie der Auffassung, dass die Schüler im Schonraum Schule zwar Fehler machen dürfen, es aber auch wichtig ist, diese mit ihnen zu klären, da sie im weiteren Leben nicht mehr in einem Schonraum agieren werden. Die Probandin erklärte es für wichtiger zu halten, dass ihre Schüler Kritik- und Diskussionsfähigkeit lernten als eine Rolle vorwärts, da sie diese „Dinge [...] im späteren Leben einfach brauch[en]".

Ursachen

Die Probandin kann sich vorstellen, dass Sportarten mit einem höheren Kampfcharakter, wie z.B. Ringen und Kämpfen, Machtkämpfe provozieren können. Dies ist der Fall, wenn die „gesunde sportliche Aggression [...] umschlägt in Gewalt". Auch falsche Schiedsrichterentscheidungen können zu Machtkonflikten führen. Dennoch ist sie der Überzeugung, dass das Phänomen eigentlich unabhängig vom Sport zu sehen ist, da das Konfliktpotenzial von den Akteuren in den Sportunterricht getragen wird und hier lediglich durch veränderte Möglichkeiten zum Ausbruch kommt.

So erklärte sie, dass Schüler immer ihre Vorgeschichte mit in den Unterricht bringen und diese ihr Verhalten beeinflusst. So kann eine schlechte Arbeit in der Stunde vorher, ein Streit auf dem Schulhof oder auch Probleme im Elternhaus dazu führen, dass die Kinder dies durch Machtkonflikte abreagieren wollen. Auch das Bedürfnis nach Zuwendung, welches vielleicht im Elternhaus gerade nicht gestillt wird, sowie sportliche Inkompetenz können zu Provokationen führen, die entweder die Aufmerksamkeit des Lehrers bewirken sollen oder auch die der Peer-Group. Die Probandin berichtete: „Also, wenn [der Schüler] Stress hat mit seinen Eltern, dann ist er auch hier in der Schule anders, aufmüpfiger, aggressiver, als wenn zu Hause so eine ruhige Phase herrscht".

Aus diesem Grund ist die Befragte der Ansicht, dass die Vorgeschichte eines Schülers sehr häufig ausschlaggebend für sein Verhalten ist. Machtkonflikte unter Schülern können durch den Wunsch nach Macht forciert werden. So wird unter den Kindern einer Klasse, nach Angabe der Probandin, eine Rangordnung erstellt, welche manche Kinder – in ihrem Beispiel ein Außenseiter – durch Machtkonflikte zu durchbrechen versuchen, um sich einen höheren Platz zu erkämpfen. Auch der Anschluss an eine Clique kann auf diese Weise errungen werden. Der Wunsch sich mächtig zu fühlen verleitet, nach Ansicht der Befragten, auch einige Schüler dazu, den Lehrer zu provozieren. Sie wollen austesten, wie weit die Freiheiten, die ein Lehrer seinen Schülern gewährt, ausgereizt werden können. Sie wollen auf diese Weise vielleicht auch Schwächen eines Lehrers freilegen und ihn dadurch als Unterlegenen darstellen.

Auf der anderen Seite gibt die Probandin auch zu bedenken, dass die Einschätzung derartiger Situationen bei Lehrern auch tagesformabhängig ist. An guten Tagen empfinden Lehrer Aussagen von Schülern als witzig, an anderen werden sie als Angriff auf die Person gedeutet und entsprechend als Machtkonflikt empfunden.

Indikatoren

Die Probandin beschrieb, dass Machtkonflikte für Lehrer eher unerwartet aufträten. Sie begründete dies mit ihrer Aussage, dass die meisten Konflikte ihren Ursprung nicht in der Sportstunde hätten, sondern aus einer Vorgeschichte resultierten. „Wenn dann ein Fall seinen Ursprung in anderen Situationen hat, dann kommt das für den Lehrer sehr plötzlich, weil er einfach nicht dabei war". Daher meint sie, müsse man immer den Hintergrund kennen. Ist ihr dieser bei einem Schüler bekannt, der einen Machtkonflikt anzetteln will, ist sie in der Lage besser darauf zu reagieren. Doch auch mit diesem Wissen ist sie nicht der Ansicht, dass es Indikatoren gibt, die das Anbahnen eines Machtkonfliktes anzeigen könnten.

Strategien im Umgang mit Machtkonflikten

Die Befragte erklärte, dass man ihr Vorgehen nicht generalisieren könne, sondern dass es von Fall zu Fall unterschiedlich sei. Als präventive Strategien beschreibt die Probandin, dass sie besonders in Klassen mit erhöhtem Aggressionspotenzial klare, strenge Regeln setze und deren Einhaltung genau beobachte. In solchen Klassen gibt sie exaktere Arbeitsanweisungen und führt die Klassen enger und mit einem autoritäreren Auftreten, was sie bei Klassen, die immer gut mitarbeiten, nicht für nötig hält.

In Machtkonfliktsituationen plädiert sie dafür, dass sich beide Seiten erst einmal beruhigen, bevor weitere Schritte unternommen werden. So sagt sie, dass Schüler, die emotional in der Situation befangen sind, nicht in der Lage wären, eine andere Perspektive einzunehmen. Diese müssen sich, bevor man mit ihnen reden kann, erst einmal auf der Bank beruhigen.

Sie der Halle zu verweisen, kommt für die Probandin nicht in Frage, da sie auf diese Weise ihre Aufsichtspflicht vernachlässigen würde. Doch auch sie selbst berichtete in ihren Beispielen enttäuscht gewesen zu sein von Schülern (z.B. von dem Oberstufenschüler) und sich persönlich von deren Verhalten angegriffen gefühlt zu haben. Die Probandin erzählte auch „sauer" zu sein, wenn sie das Gefühl hätte, dass die Schüler ihre Arbeit nicht schätzten würden. Dies sei jedoch – wie auch bei den anderen Lehrern – tagesformabhängig.

Sie hält es für legitim, diese Gefühle den Schülern in einem Gespräch mitzuteilen. Dies sollte jedoch möglichst sachlich und ohne emotionale Färbung geschehen. Den Schüler an Lautstärke zu übertreffen oder gar Beschimpfungen kommen für sie nicht in Frage. Aus diesem Grund rät sie nicht auf Provokationen einzugehen, sondern den betreffenden Schüler zu einem Gespräch nach der Stunde zu bitten. Auf diese Weise würde der Lehrer Zeit gewinnen, um sich der Situation bewusst zu werden. Ihre Strategie sieht daraufhin vor, den Schüler zu fragen, ob er die Regel kenne, gegen die er verstoßen habe, und nach dem Grund für sein Verhalten zu fragen.

Ist sie der Ansicht, dass der Schüler einen triftigen Grund für sein Fehlverhalten vorbringen kann, lässt sie die Angelegenheit ruhen, da sie die Schule als Schonraum ansieht. Ist dies nicht der Fall, so greift sie zu anderen Maßnahmen, welche sie als Machtinstrumente bezeichnet. Hierzu zählen Mitteilungen an die Eltern, Klassenbucheinträge sowie pädagogische Aufgaben, die in irgendeiner Form mit der Regelverletzung des Schülers zusammenhängen. Dem Oberstufenschüler aus ihrem Beispiel gab sie die Aufgabe, auf „einer Din A 4 Seite mal darzulegen, warum er die Halle nicht verlassen darf ohne zu fragen“. Den Schülern mit schlechten Noten zu drohen oder sie damit zu sanktionieren zählt nicht zu ihren Machtinstrumenten. Sie befürchtet aber, dass Kollegen die Zensur als Druckmittel einsetzen. Weiterhin beschrieb sie, dass „man sich als Lehrerschaft zusammenschließt, um Gewissheit zu schaffen für den [betreffenden] Schüler, dass man immer in gleicher Weise reagiert“.

Die Probandin sieht es als sehr wichtig an nicht nachtragend zu sein, da die Schüler in einem Schonraum agieren, in dem Fehler erlaubt sind. Es sei zwar wichtig ihnen diese bewusst zu machen, doch nach geleisteter Wiedergutmachung solle der Schüler nicht stigmatisiert werden.

Folgen

Die Probandin verweist zunächst auf die unmittelbaren Folgen von Machtkonflikten, nämlich die Unruhe in der Klasse. Durch die Machterprobung werden die übrigen Schüler in ihrem Lernprozess unterbrochen und aufgehalten. Weiterhin beschrieb die Befragte, in Klassen, in denen sie ein hohes Aggressionspotenzial erlebt habe, nicht mehr alle Unterrichtsinhalte (wie z.B. „Kämpfen und Ringen") zu thematisieren, um nicht aggressive Situationen zu schaffen. In Klassen, die sie in Machtkonflikte verwickelt haben gebe sie sich strenger und würde nicht die „Kumpelschiene fahren". Das bedeutet für sie, dass sie auch seltener Späße mit den Kindern macht. Sie selbst beschäftigen Machtkämpfe auch noch zu Hause. Sie hinterfragt ihre Vorgehensweise und sucht sich Rat bei ihren Kollegen.

3.8 Zusammenfassung des Interviews E

Der Befragte in Interview E ist männlich und 58 Jahre alt. Er unterrichtet seit 30 Jahren Sport und Englisch.

Definitionen

Macht in der Schule sollte, laut dem Probanden, durch die Anerkennung der Fachkompetenz des Lehrers seitens der Schüler kommen. Auf diese Weise erarbeitet sich der Lehrer seine Autorität in einer neuen Klasse. Die Ausübung seiner Macht ist die „Einflussnahme auf geschehenden Unterricht, um Lehrvorgänge und Lernvorgänge in Gang zu setzen".

Als Konflikt bezeichnete der Befragte eine Überforderung des Schülers durch eine bestimmte Situation. Auslöser kann z.B. ein zu kleiner Klassenraum sein. Auch Eltern, die sich ohne Überprüfung der Hintergründe hinter ihre Kinder stellen, sieht der Proband als Konfliktauslöser an, ebenso wie Lehrer, die Entschuldigungen von Schülern als Ausflüchte verstehen.

Den Machtkonflikt definierte der Befragte als eine Nicht-Anerkennung der Autorität des Lehrers in jeglicher Form seitens der Schüler.

Der Lehrer berichtete von vielen Beispiele verschiedenster Art. So empfindet er bereits das Kauen von Kaugummi oder das Tragen von Mützen in seinem Unterricht als einen Machtkonflikt, da die Schüler hier die Regeln, die er am Anfang jeder Klasse mitteilt, wissentlich übertreten. Weiterhin erklärte er, dass manche Schüler sich nicht den Aufgaben widmen, die er ihnen im Sportunterricht stellt. Dies seien meist Vereinssportler, denen er zur individuellen Förderung schwierigere Aufgaben stelle. Die Schüler würden aber lieber einfach nur spielen. Einen Vorfall aus der 8. Klasse schilderte er detaillierter. Hier handelte es sich um zwei Schüler, die Klassenkamerad lauthals durch Klatschen und Rufen beim Hochsprunganlauf anfeuerten. Auch auf mehrmalige Ermahnung hin stellten sie ihr Gehabe nicht ein. Das letzte Beispiel, welches der Proband schilderte, betraf einen Jungen einer 5. Klasse, welcher nicht in einer bestimmten Mannschaft spielen wollte, weil darin ein Schüler war, den er nicht leiden konnte. Der Schüler weigerte sich standhaft und nahm deshalb an dem Spiel nicht teil.

Pädagogische Bedeutung

Der Proband sieht Machtkonflikte als natürlichen und notwendigen Bestandteil des Lernens an, sofern sie pädagogisch aufgearbeitet werden. Die Schüler lernen dadurch Kompromisse zu schließen, aber auch Grenzen nicht mehr zu überschreiten. Er sagt, dass durch Konflikte immer wieder neue Gedanken angeregt werden könnten und dass es schade sei, dass gerade in der Oberstufe meist die Zeit fehle Machtkonflikte produktiv aufzunehmen und an ihnen zu lernen. Auch bei den Kleinen sei dies schwierig, da man auf 35 Schüler in einer Klasse nicht immer adäquat und individuell eingehen könnte.

Ursachen

Der Proband erklärte, dass im Sport andere Bedingungen herrschen würden als im Klassenunterricht. Er habe das Gefühl, die Schüler müssten sich erst einmal austoben, sobald sie in der Halle seien. Viele von ihnen würden auch nicht den Unterschied zwischen Schulsport und Freizeitsport erkennen. Daraus würden sich bisweilen Machtkonflikte entwickeln wie in seinem Beispiel. Weiterhin würde der Unterschied zwischen Sport und den anderen Fächern dazu führen, dass die Schüler sich nicht mit gestellten Themen, wie z.B. in Englisch, zufrieden stellen würden, sondern Lieblingsthemen einforderten. So kann ein weiterer Grund für Machtkonflikte laut dem Befragten der Unmut der Schüler über eine vom Lehrplan vorgegebene Sportdisziplin sein, wie z.B. Turnen. Hier können schlechte Unterrichtsbedingungen, wie ein Mangel an Turngeräten, den Unwillen der Schüler forcieren.

Weiterhin ist er der Ansicht, dass es einige Schüler gibt, „die einen fertigmachen wollen“. Der Proband vermutet, dass die Kinder vielleicht vor ihrer Peer-Group gut dastehen möchten und aus diesem Grund Lehrer provozieren. Auf diese Weise testen sie, wie weit sie bei dem einzelnen Erwachsenen gehen können und ob sie ihn besiegen können. Hierzu suchen sich die Schüler nach Aussage des Befragten eher die Lehrpersonen aus, denen es an Autorität mangelt, also diejenigen, die unsicher erscheinen, weil die Kinder hier ihre Gewinnchancen höher einschätzen. Aus diesem Grund seien Referendare auch besonders anfällig für Machtkonflikte, da ihnen noch die Erfahrung fehle.

Doch auch das genaue Gegenteil, ein sehr autoritärer Lehrstil, kann zu großen Problemen mit den Schülern führen. Die Kinder würden sich bei einem derartigen Lehrer von vorneherein gegen jede Anweisung sperren, da diese ihnen zu intransparent seien, erläuterte der Proband. Als letzte Ursache verwies der Befragte darauf, dass es sowohl zwischen Schülern untereinander als auch Lehrern und Schülern Antipathien geben könnte, die er auf Halo-Effekte[12] zurückführt. Ein derartiges Beispiel von Schülerantipathie schilderte er aus einer 5. Klasse.

Indikatoren

Der Proband ist der Ansicht, dass es vielleicht Anzeichen geben mag, der Lehrer aber durch die Beobachtung seiner 35 Schüler und die Verfolgung seiner verschiedenen Lernziele bereits ausgelastet sei. Er sei somit nicht in der Lage, mögliche Anzeichen für Machtkonflikte zu erkennen. Aus diesem Grund sagt der Proband: „Die kommen sicherlich eher unerwartet“. Laut dem Befragten kommt es seltener zu Unruhe, wenn bestimmte Schüler nicht am Unterricht teilnehmen. Auch gewisse sportliche Disziplinen würden stets zu Problemen seitens seiner Edukanten führen. Dies halte er jedoch nicht für Anzeichen, auf die er reagieren könne.

Strategien im Umgang mit Machtkonflikten

In der Fachkonferenz Sport werden nach Angabe des Befragten gemeinsame Vorgehensweisen für bestimmte Situationen vereinbart, so z.B. wie man mit Schülern verfährt, die krankheitsbedingt nicht an der Praxis teilnehmen können. So ist für alle Schüler auch nach einem Lehrerwechsel das Grundreglement immer gleich. In seinen neuen Klassen erklärt der Proband am Anfang die Regeln, die ihm wichtig sind, damit sich seine Schüler darauf einstellen können. Er bezieht die Klasse in seine Unterrichtsgestaltung mit ein. So ist es ihnen freigestellt bei sportlichen Präsentationen allein oder in Gruppen vorzuführen.

---

[12] Der Halo-Effekt bezeichnet die subjektive Einschätzung einer Person auf der Basis eines einzelnen Merkmals (z.B. Aussehen, Leistung etc.).

Im Vorfeld seines Unterrichtes macht er sich bereits Pläne, wie er Schüler, die Konfliktpotenzial bergen, möglichst effektiv in den Unterricht einbinden kann, sodass sie ausgelastet sind. Weiterhin achtet er darauf, den Bewegungsdrang der Kinder, wenn sie in die Halle kommen, nicht zu unterdrücken, sondern ihn durch Aufwärmphasen produktiv zu nutzen. Da er weiß, wie wichtig das Gewinnen gerade für jüngere Schüler ist, versucht er immer möglichst ausgeglichene Mannschaften zu bilden, die dann auch während der gesamten Unterrichtsreihe zusammenbleiben dürfen.

Neben diesen präventiven Strategien hat der Proband mehrere reaktive. So versucht er störende Schüler stärker in den Unterricht einzubinden, damit sich die Störung zu keinem Machtkonflikt ausweitet. Gelingt dies nicht und verweigern die Schüler die Mitarbeit, verweist der Befragte darauf, dass die Leistungen abgeprüft werden und die Kinder so selbst in der Hand haben, welche Note sie bekommen. Bricht ein Schüler eklatant die Regeln, so wird er von der aktuellen Situation ausgeschlossen. Er hat dann, laut Proband, die Gelegenheit sein Verhalten zu reflektieren. Auch seine zwei lauthals klatschenden Schüler wurden auf die Bank gesetzt. Dies brachte bei ihnen jedoch nicht den gewünschten Erfolg.

Später versucht der Befragte dann in einem Gespräch den Sachverhalt zu klären und mit den Schülern den Konflikt zu lösen. Bisweilen macht er dies auch mit der ganzen Klasse. So überlegt der gesamte Kurs, wie einem Schüler geholfen werden kann sich besser an die Regeln zu halten. Seinen Aussagen zufolge wendet der Proband diese Vorgehensweise immer so an. Dies klappt laut Angabe des Befragten besser in unteren Klassen, da ältere Schüler hierbei weniger kooperativ sein. Der Proband erklärte, sich über provokatives Verhalten seiner Schüler zu ärgern. Er gäbe sich jedoch Mühe dies nicht zu zeigen. Dennoch ist er enttäuscht, wenn seine pädagogischen Gespräche im Nachhinein nicht den gewünschten Erfolg erzielen und seine Schüler uneinsichtig bleiben.

Folgen

Der Proband erzählte, dass er in einer Klasse besonders häufig Konflikte jeder Art mit den Schülern habe. „[I]n die besagte Klasse gehe [er] nicht unbedingt gerne rein“. Der Befragte berichtete, dass die Atmosphäre in dieser Klasse gelitten habe und er auch bereits vor Beginn des Unterrichts Bauchschmerzen bekommt, da er nicht einschätzen kann, was auf ihn zukommt. Er empfindet die Situation als bedrückend, da er auch den Eindruck hat, dass er den Schülern weniger entgegenkommen kann als Kindern aus anderen Klassen.

Dennoch ist er der Ansicht, dass die Schüler mit der Situation noch eher unbefangen umgehen könnten, da „Schüler eher vergeben und vergessen“.

3.9 Interpretation

Im Folgenden werden die Ergebnisse der Interviews unter thematischen Überschriften zusammengefasst. Die gewählten Titel drücken den Grundtenor der Aussagen aus den Interviews aus. Daher können sie als erste Hypothesen zum Phänomen Machtkonflikt verstanden werden.

Hierarchisches Gefälle ja – Macht jain.

Es fiel auf, dass alle Lehrer berichteten, zwischen ihnen und ihren Schülern gäbe es ein hierarchisches Gefälle. Ihre höhere Stellung begründeten einige mit ihrer größeren Fachkompetenz, andere wiederum damit, dass sie die Leistungen ihrer Schüler zu benoten hätten. Klar ist hier ersichtlich, dass es sich bei ersterer Argumentation mehr um eine natürliche Autoritätsanerkennung handelt, während die zweite Argumentationslinie mehr auf dem Machtinstrument des Lehrers basiert. Weiterhin fällt auf, dass es die Sportlehrer sind, welche sich durch ihre Fachkompetenz definieren, während die Sportlehrerinnen ihre Macht auf die Zensur gründen. Da es sich jedoch hier jeweils nur um zwei Lehrer bzw. Lehrerinnen handelt, kann hier keine verallgemeinernde Aussage getroffen werden.

Die Ausübung von Macht im schulischen Kontext wurde von den Probanden verschieden bewertet. Während Proband E darunter „die Einflussnahme auf geschehenden Unterricht, um Lehrvorgänge und Lernvorgänge in Gang zu setzen“ versteht, definiert Proband C „Macht“ als das Aussprechen von Verboten. Auch hier wird wieder die Diskrepanz deutlich bei der Definition der Lehrerrolle einerseits durch die Stellung als Experte, andererseits durch die Machtinstrumente, die ein Lehrer innehat.

Die Frage nach der Macht spaltete die Probanden demnach in zwei Gruppen. Die eine sah ihre Autorität in den eigenen größeren Kompetenzen, während die andere Gruppe diese auf ihre größeren Mittel stützt, das Verhalten der Schüler auch gegen deren Willen zu beeinflussen. Es ließ sich in dieser kleinen Stichprobe kein Zusammenhang herstellen, welche der Gruppen mit mehr Machtkonflikten zu kämpfen hat. Die Probanden B und C erklärten jedoch, dass sie den Begriff „Macht“ im Kontext Schule für unangemessen hielten. Dennoch verwiesen sie darauf, dass sie großen Wert darauf legten, dass ihre Autorität von ihren Schülern anerkannt würde. Wird ihre hierarchische Stellung angegriffen, so schilderten sie konsequent dagegen vorzugehen und zwar mit Mitteln, die ihre Kollegen unter Machtinstrumenten verstehen.

Es scheint also lediglich der Begriff „Macht“ im erzieherischen Kontext unpopulär zu sein, vermutlich weil er auch physische Maßnahmen umfassen könnte. Man spricht heutzutage lieber von pädagogischen Maßnahmen. Der Zeck selbiger ist jedoch weiterhin die Schüler zu einem angepassten Verhalten zu bewegen.

Macht unter Schülern geht aus ihrer Gruppenbildung sowie ihren wachsenden Kompetenzen hervor.

Lediglich die Probandin D ging bei der Definition von „Macht“ auf solche unter Schülern ein. Sie erklärte, dass diese sich aus der Stellung der Schüler in ihrer Klasse – also aus einer festgelegten Rangordnung – ergeben würde. Jedoch nicht nur die Stellung der Schüler, sondern auch die klasseninterne Gruppenbildung ist wichtig, da sich ihre Stärke aus der Zugehörigkeit zu einer Gruppe ergibt. Sie kann sich gegen niedere Gruppenmitglieder richten – also Außenseiter der Klasse – oder aber auch, laut Probandin, gegen den Lehrer.

Auch die andere Sportlehrerin verwies später im Interview darauf, dass sich Schüler zu einem „Club“ gegen sie verbündet hätten. Ein Schüler kann demnach seine Macht aus dem Rückhalt seiner Gruppe ziehen. Unterschwellig wurde auch deutlich, dass Schüler im Zuge ihrer Pubertät immer mehr Macht erlangen. So sprach eine der Sportlehrerinnen davon, dass pubertierende Schüler „einfach mal ausprobieren [wollen] – auch so Macht ausprobieren möchte[n]“. Das Wort „ausprobieren“ zeugt davon, dass diese Stärke der Schüler noch nicht lange vorhanden ist.

Der Konflikt als Verfolgung unterschiedlicher Zielsetzungen.

Große Einigkeit herrschte unter den Probanden was die Definition von Konflikten angeht. Die meisten verstanden darunter, dass zwei Personen oder aber auch Personengruppen unterschiedliche Ziele verfolgten. Ein derartiger Konflikt kann laut Probanden zwischen den Schülern untereinander und zwischen Schüler und Lehrer entstehen. In der weiteren Ausdifferenzierung gab es dagegen Unterschiede. So wurde der Konflikt von zwei Probanden auch als intrapersonale Möglichkeit angesehen. Auf ihre eigene Person bezogen erklärten diese Befragten, dass sie einen Konflikt hätten, wenn sie sich zwischen zwei Zielen nicht entscheiden könnten. Ein weiterer Proband erklärte, es gäbe schwelende Konflikte, welche nicht angesprochen würden, die aber zu einer angespannten Atmosphäre führen würden. Auf der anderen Seite erläuterte er, dass es offene Konflikte gäbe, welche verbal zwischen den Kontrahenten ausgetragen würden.

Machtkonflikte in der Schule sind eine Nicht-Anerkennung der Autorität des Lehrers in jeglicher Form.

Auch in der Definition des Machtkonfliktes herrschte weitgehende Übereinstimmung. So wurde jeglicher Angriff auf die hierarchische Stellung des Lehrers als Machtkonflikt betrachtet. Dies kann offen und verbal geschehen, jedoch auch durch passives Verhalten der Schüler und alle anderen denkbaren Verhaltensweisen, die die Autorität des Lehrers in Frage stellen. Es ist sicherlich Definitionssache, wann ein Konflikt von den Beteiligten zum Machtkonflikt erklärt wird. Nach Angaben einiger Probanden ist für sie erst eine anhaltende Weigerung gegen ihre Anordnungen ein Machtkonflikt. Die Probanden C und D wiederum erklärten, dies sei bei ihnen tagesformabhängig.

Es zeigte sich weiterhin, dass die meisten Probanden, wenn sie das Gefühl hatten, ihre Autorität würde in Frage gestellt, sich auch persönlich angegriffen fühlten. Diese emotionale Verwicklung in den Konflikt bringt die Befragten dazu den Konflikt als Machtkonflikt anzusehen. Im schulischen Kontext hat es den Anschein, dass Lehrer einen Konflikt schneller als Machtkonflikt einschätzen, da hier keine gleichstarken Partner interagieren, sondern die Lehrer um ihre Autorität fürchten. So erklärte Proband C, für ihn sei ein Machtkonflikt gegeben, wenn er das Gefühl habe die Kontrolle zu verlieren.

Es tragen somit mehrere Faktoren dazu bei, ob Lehrer einen Konflikt als einen Machtkonflikt ansehen. Zum einen die Sorge um die Wahrung ihrer Autorität und zum anderen ihre Tagesform, welche wiederum ihre emotionale Reaktion auf eine Störung bestimmt.

Machtkonflikte gehören zur Entwicklung.

Die Probanden C und E sind der Ansicht, dass Machtkonflikte eine normale Begleiterscheinung des Erwachsenwerdens darstellen. Auch die Probanden A und B führen Machtkonflikte auf die Pubertät zurück, jedoch erst auf die Frage nach möglichen Ursachen. Es scheint demnach, dass diese Art der Auseinandersetzung zur Entwicklung von jungen Menschen gehört. So meint Proband C, die Jugendlichen würden auf diese Weise ihre Persönlichkeit gegen andere abgrenzen und ihre Identität entwickeln. Aus diesem Grund werden Machtkonflikte zwar nicht als angenehmer, aber doch notwendiger Bestandteil des Schulalltags angesehen und einhellig wird dafür plädiert, produktiv mit Machtkämpfen umzugehen.

Machtkonflikte als Ausgangspunkt für soziales Lernen.

Lediglich Proband B ist nicht der Meinung, dass Kinder etwas aus Machtkonflikten lernen können. Laut ihm können sie nur etwas aus den pädagogischen Maßnahmen lernen, wenn diese in direkter Verbindung zum Regelbruch stehen.

Alle anderen Probanden sind der Ansicht, dass sich Machtkonflikte als Ansatz für die soziale Entwicklung der Schüler eignen. Einig sind sie sich darüber, dass hierzu die Machtkonflikte pädagogisch gehandhabt werden müssen. Ist dies der Fall, so können die Kinder und Jugendlichen dadurch den Umgang mit Konfliktsituationen, Empathiefähigkeit, Kompromissfindung sowie Grenzeinhaltung lernen. Weiterhin kann ihnen hierdurch bewusst werden, dass „unterschiedliche Menschen auch unterschiedliche Bedürfnisse habe[n]". Demnach ist es lediglich wichtig, mit Machtkonflikten produktiv umzugehen, um ihnen erzieherisches Potenzial abzugewinnen. Proband E wendet jedoch ein, dass dies in der Oberstufe aus Gründen des straffen Zeitplans bis zum Zentralabitur nicht möglich ist und in der Unterstufe durch überfüllte Klassen erschwert wird.

Sportspezifische Machtkonflikte.

In den Interviews stellte sich heraus, dass sich Machtkämpfe im Sportunterricht von solchen in anderen Fächern unterscheiden. Während in anderen Fächern, laut den Probanden, unerledigte Hausaufgaben sowie das Missachten von Anweisungen zu Machtkonflikten zwischen Lehrern und Schülern führen können, bergen im Sport auch die Bedingungen, unter denen der Unterricht stattfindet, Machtkonfliktpotenzial. Die große Sporthalle verführt die Schüler dazu sich auszutoben, was beim Sitzen im Klassenraum undenkbar ist. Auch die Sportgeräte (z.B. Bälle und Turngeräte) haben einen starken Aufforderungscharakter. Dieser erschwert es Schülern den Anweisungen ihrer Lehrer zu folgen, die Bälle festzuhalten oder nicht an Turngeräte zu gehen, während etwas erklärt wird. Kein anderes Unterrichtsfach ist einer Freizeitaktivität so ähnlich wie der Sportunterricht und doch so verschieden. Im Sport werden Sportarten und Spiele praktiziert, welche die Kinder auch in ihrer Freizeit spielen. Dabei haben diese Aktivitäten jedoch immer Lernziele als Hintergrund, welche die Schüler nicht immer verstehen und einsehen können.

So erklärt Proband E, dass die Schüler in vielen Fällen den Unterschied zwischen Schulsport und Freizeit nicht erfassen können. Aus diesem Grund werden Lieblingsdisziplinen gewünscht, auf welche der Lehrer auf Grund des Lehrplans nicht immer eingehen kann. Dieses Verhalten zeigen Schüler in anderen Fächern nicht. So führt Proband E seinen Schülern vor Augen: „Ihr werdet in Englisch sicherlich auch nicht immer fragen: ‚Können wir heute mal Grammatik machen?'".

Auch die Disziplinen selbst bergen diverses Konfliktpotenzial. So sind Schüler in Sportspielen sehr involviert und vergessen bisweilen, dass es sich lediglich um ein Spiel handelt. Daher sind Schiedsrichterentscheidungen, die als ungerecht empfunden werden, oft ein Ausgangspunkt für Machtkonflikte – nach der Erfahrung von den Probanden A, B und C. Verschiedene Regelauslegungen sowie das intensive Streben nach dem Gewinn können unter Schülern heftige Konflikte und Machtkämpfe forcieren.

Ebenso wie die Spiele können auch Themen wie „Ringen und Kämpfen" nach Angabe von Probandin D in Aggression umschlagen. Auch diese körperliche Gewalt unter Kindern wertet sie als Machtkonflikt.

Der Sport birgt also durch seine hohe Emotionalität das Potenzial, schnell eskalierende Konflikte zu entfachen. So kann gesagt werden, dass sowohl das Material als auch die Inhalte des Faches Sport Machtkonflikte provozieren können.

Weiterhin erklärte Probandin D, dass Machtkämpfe unter Schülern in der Sporthalle offensichtlicher seien, da die Schüler dort nicht nur verbal ihre Macht demonstrieren könnten. Die öffentliche zur Schau Stellung eines Außenseiters geht z.B. im Sportunterricht wesentlich effektiver als in anderen Fächern.

Machtkonflikt – vorwiegend provoziert durch Wiederholungstäter.

In den Beispielen von Machtkonflikten, die die Probanden erzählten, handelte es sich bei den drastisch eskalierten Machtkämpfen immer um Schüler, von denen die Befragten berichteten, sie seien für derartiges Verhalten bereits bekannt. Dies geht aus einem Zitat wie diesem eindeutig hervor: „Ja, ich habe da so ein Problem in einer Klasse mit zwei

Schülern, die nicht nur bei mir, sondern auch in anderen Fächern sehr auffällig sind". Derartige Bemerkungen finden sich bei fast allen Probanden. Daraus lässt sich schlussfolgern, dass es bestimmte Schüler gibt, die immer wieder Machtkonflikte heraufbeschwören. Durch die Beispiele, die die Probanden in den Interviews erzählten, ließen sich zwei Prototypen von Kindern konstruieren, die ein hohes Machtkonfliktpotenzial bergen. Es sind nicht ausschließlich diese Kinder, die die Kämpfe provozieren. Die Beispiele haben lediglich diese Schülertypen als besonders prädestiniert dargestellt.

Protoyp1: Vereinssportler mit aufbrausendem Temperament.

Besonders auffällig war, dass bei drei Probanden (A, B und E) ein Beispiel auftauchte, in dem ein Vereinssportler den Machtkonflikt auslöste. Es handelte sich bei Proband A und Proband B jeweils um einen Schüler, welcher bereits längere Zeit die in der Stunde thematisierte Sportart im Verein spielte. Hinzu kam bei beiden ein aufbrausender Charakter. Eine Schiedsrichterentscheidung brachte beide dazu auszurasten. Beide verließen aufgebracht die Halle. Die Probanden beschrieben, dass die beiden Schüler das gepfiffene Foul nicht akzeptieren konnten. Weiterhin waren sie in der Situation emotional so aufgebracht, dass sie sich zunächst nicht wieder beruhigen konnten. Die Wut der Jugendlichen richtete sich nicht unbedingt gegen den Lehrer. Diese sahen die Situation jedoch trotzdem als Machtkonflikt an, da beide Schüler nicht mehr auf ihre Anweisungen reagierten, sondern sich ihrem Einfluss entzogen.

Proband E schildert kein derartig drastisches Beispiel, konnte aber berichten, dass in seinen Sportklassen die Vereinssportler es nicht für nötig halten, die ihnen gestellten Aufgaben in ihrem speziellen Sport zu üben, sondern lieber die Anweisungen ihres Lehrers missachten und spielen.

Prototyp 2: Pubertierender Junge mit Vorgeschichte.

Der zweite Prototyp, welcher sich durch die Beispiele herauskristallisierte, ist ein pubertierender männlicher Schüler, der auf Grund eines bestimmten Hintergrundes einen Machtkonflikt provoziert. Proband B erklärte, dass Jungen Konflikte immer eher offen und explosiv austragen, während Mädchen sich eher zurückziehen. Aus diesem Grund sagt er, dass es vorwiegend Jungen seien, die Machtkonflikte provozieren würden.

Die Pubertät ist nach Angabe der Probanden ein Hauptmerkmal und auch Auslöser von derartigen Konflikten. Die Schüler leben situativ ihre Emotionen aus oder wollen sich vor ihren Mitschülern groß tun, indem sie sich als besonders mächtig darstellen. Proband B ist der Ansicht, dass einige Kinder in ihrer Sozialisation im Elternhaus gelernt haben, dass sie durch Machtkämpfe ihren Willen bekommen. Dieses erlernte und als effektiv erfahrene Prinzip könnte von diesen Schülern in der Schule ausprobiert werden. Eine derartige Sozialisation der Kinder würde zur Vorgeschichte zählen.

Weiterhin rechnen die Probanden eine Außenseiterstellung, Inkompetenz im Sport sowie Probleme in der Familie, zum Hintergrund der Schüler. Es zeigt sich, dass alle Schüler einen Beweggrund haben sich unangepasst zu verhalten, der in erster Linie wenig mit dem aktuellen Sportgeschehen zu tun hat. Dennoch versuchen alle, etwas mit ihrer Provokation zu kompensieren, sei es das schlechte Image, das gefährdete Selbstbild oder aber emotionaler Stress durch die Familie. Demnach versuchen Schüler des Prototyps 2 durch Machtkämpfe Missstände in ihrem Leben auszugleichen. Für Lehrer ist diese Art des Machtkonflikts besonders schwer berechenbar, da sie nicht die Vorgeschichte eines jeden Schülers kennen und auch nicht über jedes aktuelle Ereignis im Leben ihrer Schüler informiert sein können.

Schüler wollen testen.

Die Probanden machten weitgehend übereinstimmend die Aussage, dass Schüler ihre Lehrer testen wollen. Sie wollen herausfinden, wie viel sie sich bei den verschiedenen Kollegen herausnehmen dürfen. Um dies herauszufinden stellen sie die Autorität des Lehrers in Frage, indem sie sich dem Lehrer gegenüber provokativ verhalten. Für den Lehrer ist daher nach Angabe der Probanden in einer derartigen Situation ein Machtkonflikt gegeben. Laut Aussage der Probandin D ist es das Ziel der Kinder Schwächen des Lehrers freizulegen. Proband E geht sogar so weit zu sagen: „Dann gibt es aber sicherlich auch Schüler, die einen fertigmachen wollen". Es wird jedoch allgemein betont, dass es sich hierbei nur um einen sehr kleinen Anteil der Schülerschaft handelt.

Machtkonflikte als Protest gegen den aktuellen Unterricht.

Auf die Frage nach möglichen Ursachen berichteten die Befragten, dass Schüler auf Grund von Unmut über den Unterricht sich Anweisungen von Lehrern widersetzen würden. So können die vorherrschenden Bedingungen, also auch das Unterrichtsthema – z.B.

Gymnastik / Tanz –, zu einem ‚Schülerstreik' führen. „[D]ann gibt es häufiger schon mal so Protest, weil man das einfach unter seiner Würde findet". Langweilen sich Schüler oder finden sie die Regeln eines Sportspiels unsinnig, brechen sie diese. Die Schüler protestieren also gegen die äußeren Umstände, um zu erreichen, dass diese ihren Bedürfnissen angepasst werden. In diesem Fall ist es nicht ihr Ziel die Autorität des Lehrers zu untergraben. Dennoch wird ihre aktive oder passive Verweigerung von den Lehrern auf diese Weise interpretiert.

Machtkonflikte aus Spaß und als Mittel zur Gruppenzugehörigkeit.

Weiterhin vermuten die Befragten, dass die Schüler einander im Unterricht provozieren – also Machtspielchen treiben – damit der Provozierte „ausrastet" und vom Lehrer verwarnt oder bestraft wird. Mitschüler auf diese Weise vorzuführen bringt den Provozierenden nach Angabe der Probandin A Spaß und Schadenfreude.

Ein anderer Beweggrund für Machtkonflikte sowohl unter Schülern als auch mit dem Lehrer ist die Zugehörigkeit zu einer Gruppe. Indem sie einen Schüler fertigmachen oder sich mit dem Lehrer anlegen, können Kinder und Jugendliche sich vor ihren Peers groß darstellen. Auf diese Weise eine Gruppenzugehörigkeit zu erlangen oder die Position in dieser Gruppe zu festigen, ist ein weiterer Beweggrund für Schüler Machtkonflikte zu provozieren, so die Meinung der Befragten.

Machtkonflikte aufgrund des Lehrstils.

Nach Angabe der Probanden kann auch der Lehrstil Auslöser für Machtkämpfe sein. Lehrer, die eher unsicher auftreten, bekommen von ihren Schülern weniger Respekt, weil ihre Autorität nicht anerkannt wird. Es besteht eine höhere Wahrscheinlichkeit, dass Schüler, die vor ihrer Peer-Group gut dastehen möchten, sich gerade diese Lehrer aussuchen, da ein Gewinn hier einfacher erscheint. Ein Jugendlicher mit diesen Absichten „sucht sich dann eine Person aus, bei der er annimmt, dass diese Schwächen aufweist oder sich nicht richtig verhalten wird, um nur ja nicht nachher in diesem Machtkonflikt zu verlieren".

Genau das Gegenteil, ein besonders autokratischer Lehrstil, kann dazu führen, dass Schüler die Anweisungen des Lehrers aus Trotz nicht befolgen. So erklärte Proband E: „Wenn er sieht, da ist jemand furchtbar autoritär und es ist nicht einsichtig, es ist nicht transparent, was dort gemacht werden soll, dann kann natürlich ein Schüler sich komplett demgegenüber sperren". Es zeigt sich, dass beide Extreme – Unsicherheit und große Autorität – Machtkonflikte forcieren können.

Referendare bevorzugt.

Die nahezu einhellige Meinung der Befragten ist, dass Referendare mehr mit Machtkonflikten zu kämpfen haben als erfahrene Lehrer. Dies liegt zum einen daran, dass sie noch viel mehr mit sich selbst und der Durchführung ihrer geplanten Unterrichtsphasen beschäftigt sind und zum anderen daran, dass ihnen noch kein großes Handlungsrepertoire zur Verfügung steht wie den erfahrenen Kollegen. Aus diesem Grund mangelt es ihnen auch an der Routine, mit der ältere Lehrer Störungen im Ansatz zu beheben verstehen. Aus diesem Grund sind Referendare in Störsituationen am Anfang überfordert und wirken daher unsicher. Schüler sehen sie somit als Machtkonfliktkontrahenten an, die besiegbar sind. Weiterhin sind Referendare neu an Schulen und haben, wie Proband B betont, noch keinen Ruf, der Machtkämpfe im Vorfeld verhindern könnte. Diesen müssen sie sich erst erarbeiten. Der Befragte B verwies mit Nachdruck darauf, dass dies sehr wichtig sei und die jungen Lehrer andernfalls weiterhin mit Machtkonflikten zu kämpfen hätten.

Frauen gehören zum Beuteschema.

Die Probanden A und B erklärten, dass Frauen es besonders schwer hätten und öfter als Männer in Machtkonflikte verwickelt würden. Die Probandin A sagte, dass „männliche Kollegen [...] da auch manchmal andere Möglichkeiten [haben]". Der Befragte B erläuterte, es liege bei jungen Frauen eher daran, dass sie bei Oberstufenschülern noch zum „Beuteschema" gehören würden und die angehenden Männer diese jungen Frauen nicht als Autoritätsperson ansehen könnten.

„Indikatoren? Das kam eher unerwartet..."

Alle Probanden berichteten einheitlich, dass sie nie Indikatoren vor Machtkonflikten bemerkt hätten. Vier Probanden schlussfolgern daraus, dass es diese daher nicht gibt. Proband E verweist darauf, dass ein Lehrer im Unterricht neben seinen 35 Schülern auch noch mehrere Lernziele im Auge zu behalten versucht. Seine Aufnahme- und Analysefähigkeit der Situation sei damit ausgelastet. Es kann also sein, dass Indikatoren existieren. Sie bringen dem Lehrer jedoch keinen Vorteil, da er sie nicht wahrnehmen kann. So berichteten alle Probanden, dass die Machtkonflikte für sie eher unerwartet aufgetreten seien und sie keine Möglichkeit gehabt hätten frühzeitig zu intervenieren.

Die Probandin D vermutet, dass das ungeahnte Auftreten von Machtkonflikten daran liegt, dass der Sportlehrer nicht die Vorgeschichte aller seiner Schüler kennt und die Kinder ihre Probleme im Sportunterricht in Machtkonflikten kompensieren würden.

Einheitliche Präventionsmaßnahmen durch Fachkonferenzbeschluss.

In der Sportfachkonferenz werden Probleme, die in der Unterrichtspraxis auftreten, erörtert und ein gemeinsames Vorgehen festgelegt. So berichteten alle Probanden, sie hätten gemeinsam beschlossen, dass kein kranker Schüler im Sportunterricht untätig sein dürfe. Daher würden die erkrankten oder verletzten Kinder immer in Hilfsdienste eingespannt oder ihnen obläge die Aufgabe das Protokoll der Stunde zu verfassen. Dies sei unter anderem dazu gedacht, dass diese Kinder dann eine Beschäftigung hätten und in der Zeit, in der sie auf der Bank sitzen, nicht stören könnten. Weiterhin sei es ein Vorteil, dass alle Sportlehrer sich auf diese Vorgehensweise geeinigt hätten, dass sie nicht gegeneinander ausgespielt werden könnten.

Routine in der Mannschaftsbildung.

Das Konfliktpotenzial, welches eine Mannschaftseinteilung birgt, versuchen einige der Probanden durch „akzeptable Zufallsentscheidungen" andere durch Wählen oder Setzen von Schülern zu umgehen. Bei Proband B werden die Schüler nach unterschiedlichen Zufallskriterien in Mannschaften eingeteilt. Weiterhin werden Mannschaften und Partner häufig gewechselt, sodass jeder mit jedem Sport treiben muss.

Der Befragte E setzt dagegen eher auf Beständigkeit und lässt einmal zusammengestellte Teams für die Dauer einer Unterrichtsreihe bestehen. Auf diese Weise spart er sich mehrere Mannschaftseinteilungen. Beide sind davon überzeugt, dass sie durch ihre Vorgehensweise weniger Konflikte im Mannschaftsbildungsprozess haben. Da die Strategien genau gegensätzlich erscheinen, liegt der konfliktmindernde Effekt wohl in der Routine, mit der die beiden Probanden ihre Methode durchsetzen. Die Schüler wissen, wie der Prozess abläuft und haben sich daran gewöhnt.

Die Bank zum Abkühlen.

Nahezu alle Probanden (A, B, D & E) berichteten, emotional sehr aufgebrachte Schüler oder auch solche, die den Unterricht fortwährend stören, auf die Bank zu verweisen. Entweder wird der Schüler also aus dem aktuellen Unterricht herausgenommen, damit er sich beruhigen kann oder weil ihm verdeutlicht werden soll, dass sein Verhalten im Sportunterricht nicht angemessen ist. Proband E bezeichnete es als Gelegenheit das jeweilige Verhalten zu reflektieren. In den Beispielen, die die Probanden erzählten, waren die Schüler zum Teil sehr aufgebracht und nicht in der Lage ein normales Gespräch zu führen. Daher empfanden die Lehrer es als wichtig den Schülern zunächst Gelegenheit zu geben, sich wieder zu fassen, bevor sie in einen Dialog mit ihnen traten. Das Verweisen auf die Bank ist somit nicht immer als Sanktion zu verstehen, sondern bisweilen notwendige Vorbedingung für ein effektives Gespräch.

Das Vier-Augen-Gespräch als favorisierte Methode.

Alle Probanden berichteten geschlossen, Gespräche mit den Schülern zu führen, die einen Machtkonflikt provoziert hatten. Die Sportlehrerinnen beschrieben, dass sie die Schüler zunächst nach einem Grund für ihr Verhalten fragen würden, um die Hintergründe des Fehltrittes zu erfahren. Weiterhin erfragen sie, ob den Schülern klar ist, welche Regeln sie verletzt haben. Auch Proband C findet es sehr wichtig, dass den Schülern klargemacht wird, was sie falsch gemacht haben, damit sie die folgende Maßnahme auch verstehen.

Alle Befragten betonten, dass ein derartiges Gespräch nicht vor der ganzen Klasse, sondern unter vier Augen stattfinden sollte. Nur auf diese Weise hat man die Möglichkeit vernünftig und ohne Einfluss von außen mit dem Schüler zu sprechen. Während fast alle Probanden der Ansicht sind, dass diese Gespräche eigentlich immer zu einem zufriedenstellenden Ergebnis führen, weiß der Befragte E von einem Beispiel zu berichten, indem er von dem Resultat enttäuscht war, da die Schüler keine Einsicht gezeigt haben. Doch auch Probandin A hat erlebt, dass Kinder keine zufriedenstellenden Gründe für ihr Verhalten vorbringen konnten. In diesem Fall greifen alle Probanden zu pädagogischen Maßnahmen, die dem Schüler helfen sollen sich wieder angepasst zu verhalten.

Pädagogische Sanktionen.

Die Probanden B und C erklärten den Schülern pädagogische Aufgaben zu geben, die etwas mit dem Fehler, den das Kind begangen habe, zu tun hätten. So würde die „Sanktion" in einen Lernprozess umgewandelt. Als Beispiele nannten sie Referate oder schriftliche Arbeiten über die Regel, die gebrochen wurde. Auf diese Weise befasse sich der Schüler mit dem, was er falsch gemacht habe und könne dabei noch etwas lernen. Wichtig sei jedoch, so betonte Proband B, dass man diese Aufgabe auch einfordern müsse und nicht nur aussprechen dürfe. Sonst lernten die Schüler, dass derartige pädagogische Maßnahmen nur leere Worte seien.

Einbezug weiterer Autoritäten.

Bei gravierenderen Fällen berichteten drei der Probanden weitere Personen wie z.B. den Klassenlehrer, die Eltern und den Schulleiter zu benachrichtigen. Je nach Schwere des vorliegenden Regelbruchs werden alle oder nur einzelne dieser Autoritäten benachrichtigt. Die Eltern müssen z.B. schriftliche Kenntnisnahmen der Vorfälle abgeben. Auf diese Weise kann der Lehrer sicher sein, dass die Eltern informiert sind.

Der Zweck der Einbeziehung dieser Personen ist, dass diese über das Verhalten des Schülers Bescheid wissen und nun vorgewarnt sind, sollte das Kind sich wieder in einer ähnlichen Form benehmen. Weiterhin haben die Eltern meist noch einen stärkeren Einfluss auf ihren Zögling. Aus diesem Grund können sie gegen derartiges Fehlverhalten effektiver vorgehen als die Lehrer, da sie genau wissen, was ihr Kind in so einem Fall an Maßnahmen annimmt. Den Klassenlehrer sowie den Direktor zu verständigen hat für den Schüler eine abschreckende Wirkung, weil es peinlich ist die eigenen Fehler vor Autoritätspersonen einzugestehen. Besonders der Direktor als Vorgesetzter der Lehrer ist für Schüler eine große Autoritätsperson.

Die Note als letztes hilflosestes Mittel.

Vier der Probanden geben auch die Note als Druckmittel an, um Schüler dazu zu bewegen dem Willen des Lehrers zu folgen. Probandin A meint jedoch, dass dies das „letzte und hilfloseste Mittel" sei. Eingesetzt wird es wohl eher als Verweis, um den Schüler zur Einsicht zu bewegen, wenn alle anderen Überzeugungsversuche gescheitert sind. Von der tatsächlichen Vergabe von schlechten Noten berichtete keiner der Probanden. Proband C erklärte, dass Schüler in der 10. Klasse alt genug wären, um derartige Konsequenzen ihres Verhaltens zu verstehen und eigenständig abzuwägen.

Lehrer werden im Machtkonflikt durch negative Emotionen beeinflusst.

Die Probanden berichteten alle, dass sie sich in Machtkonfliktsituationen sehr über die Schüler ärgern und sich zum Teil „extrem provoziert" fühlen. Während die Probanden B und E aussagen, sie könnten diese Emotionen unterdrücken und nicht in ihr Verhalten einfließen lassen, berichten die übrigen, dass sie dies zwar versuchen, aber je nach Tagesform nicht schaffen würden. So kommt es, dass sie zum Teil strenger vorgehen und ihre Gefühle sich auch im Reden mit den Schülern Bahn brechen. Diese Berichte zeigen, dass die Infragestellung der Autorität für Lehrer ein höchst emotionales Thema ist und dass die freigesetzten negativen Emotionen sich auf die Maßnahmen auswirken können.

Punitive Maßnahmen für mehr Kontrolle.

Die Probanden A, D und E berichteten nach Machtkonflikten mehr Probleme mit der Lerngruppe zu haben als vorher. Einige der Schüler verhielten sich eher passiv und versuchten sich vor dem Sporttreiben zu drücken. Der Proband E meint, dass dies daran liege, dass der Ruf des Lehrers Schaden genommen habe. Dieser beschädigte Ruf kann sich auch auf das Verhältnis zu anderen Lerngruppen auswirken. Die Schüler scheinen in diesen Fällen sich gegen die Lehrer zu verbünden und durch Zurückhaltung einen verdeckten Machtkonflikt zu führen. Die Befragten erklärten, sie würden darauf mit einem autoritäreren Führungsstil und mehr punitiven Maßnahmen reagieren, um nicht wieder die Kontrolle zu verlieren. Die Probanden sind demnach der Ansicht, dass mehr Strenge im Umgang mit den Schülern zu weniger Machtkonflikten führt bzw. sie sehen keine andere Möglichkeit als sich autoritärer zu geben.

Gesichtsverlust für Schüler.

Auf die Folgen für die Schüler ging lediglich der Proband C ein. Der Befragte meinte, dass es für Jugendliche sehr schlimm sei ihr Gesicht vor ihren Freunden zu verlieren und dass auf diese Weise auch das Selbstbild des Schülers Schaden nehmen könnte. Aus diesem Grund versucht er dies durch Vier-Augen-Gespräche zu vermeiden.

Machtkonflikt to go.

Für einige der Probanden haben Machtkonflikte mit Schülern längerfristige emotionale Folgen. Die Lehrer A, C und D berichteten auch zu Hause noch länger über die Situation zu grübeln und zu überlegen, ob sie sich hätten anders oder auch besser verhalten können. Diese Aussagen zeigen, dass derartige Konflikte nicht nur für Schüler belastend sein können, sondern auch für Lehrer. Proband C erklärte, er hätte sich überhaupt nicht beruhigen können. Der Proband E erzählte, er habe immer Bauchschmerzen, wenn er in eine bestimmte Klasse gehen müsse, weil er nicht wisse, ob ihn dort wieder ein Konflikt erwarten würde.

3.10 Zusammenfassung der Ergebnisse

Es muss betont werden, dass in dieser Studie lediglich fünf Sportlehrer interviewt wurden. Die Ergebnisse dieser Studie sind somit nicht generalisierbar. Die Schlussfolgerungen, die hier gezogen werden, sind als hypothetische Konsequenzen aus den Daten zu verstehen, die bisher gesammelt wurden. Die Folgerungen bedürfen jedoch weiterer empirischer Überprüfungen, bevor sie als Fakten angesehen werden können.

Machtkonflikte unter Schülern finden laut den Probanden entweder auf Grund von Spaß und Schadenfreude statt oder als Machtkampf um Rangordnung und Gruppenzugehörigkeit. Besonders deutlich zeigen sich diese Konflikte im Sportunterricht, da die Schüler hier einen freieren Bewegungsrahmen haben als im Klassenraum und durch Mannschaftsbildung Macht sowie Zugehörigkeit demonstrieren können. Der Sportunterricht kann somit als Bühne für Schülermachtkonflikte angesehen werden. Hier ist es Lehrern auch möglich schlichtend in den Machtkampf einzugreifen. Bemerkt der Pädagoge jedoch nicht, wenn ein Kind bereits emotional in einer Situation gefangen ist, dann kann sich der Kampf zwischen den Schülern zu einem Machtkonflikt zwischen Lehrer und Schüler ausweiten. Dem Kind drohen dann Gesichtsverlust vor seinen Freunden und dadurch bedingt eine Schädigung des Selbstbildes.

Auch andere Folgen, die der Lehrer als Demonstration seiner höheren hierarchischen Stellung aufbietet, können schwerwiegende Folgen für den Schüler haben, z.B. wenn der Lehrer in der Not die Zensur als Druckmittel einsetzt. Die Folgen eines Machtkonfliktes können für den Schüler somit sehr drastisch ausfallen. Meist ist es den Lehrern aber nicht möglich Machtkonflikte unter Schülern festzustellen, da diese im Klassenunterricht nicht richtig ausgetragen werden können und daher auf andere freiere Räume (z.B. die Pause) verlegt werden. Trotz der Bemühung einiger Probanden Hintergrundinformationen über die Gruppendynamik in der Klasse zu bekommen, mussten sie einräumen, dass man als Außenstehender selten die wirklich wichtigen Informationen bekommt.

Machtkonflikte im Sportunterricht sind von anderer Natur als solche im Klassenzimmer. Dies liegt an der größeren Bewegungsmöglichkeit der Schüler, dem hohen Aufforderungscharakter der Sportgeräte sowie an der Tatsache, dass im Sportunterricht eine „Freizeitaktivität“ zum Unterrichtsobjekt gemacht wird. Hier ergeben sich bisweilen Missverständnisse.

Die Befragten unterschieden klar zwischen Konflikten und Machtkonflikten. Letztere sind Angriffe auf ihre Autorität in jedweder Form. Somit sind es in einem Lehrer-Schüler-Machtkonflikt die Lehrer, die definieren, wann ein Konflikt für sie zum Machtkonflikt wird. Dies hängt davon ab, ob sie das Gefühl haben, in ihrer höheren Position von einem Schüler nicht mehr anerkannt zu werden. Diese Einschätzung ist nicht nur von Person zu Person unterschiedlich, sondern auch tagesformabhängig. In dem Moment, in dem sich der Lehrer in seiner Rolle angegriffen fühlt und emotional – z.B. mit Wut oder Enttäuschung – darauf reagiert, ist ein Machtkonflikt für den Pädagogen gegeben.

Es hat sich durch die Interviews herauskristallisiert, dass Machtkonflikte immer dann auftreten, wenn das hierarchische Gefälle von einem Schüler nicht mehr anerkannt wird. Dies kann geschehen, wenn der Lehrer sich unsicher verhält, wie es bei Referendaren bisweilen der Fall ist. Wankt das Gefälle, testen die Schüler ihre eigene Macht gegen den Lehrer. Daher betont Proband B, dass es in der Schule nicht basisdemokratisch zugehen könne. Ein Lehrer, der keinen Wert auf seine Führungsposition legt, schafft ein Machtvakuum, welches sich schnell durch eine Führungspersönlichkeit – z.B. einen selbstbewussten Schüler – füllen wird. Stellt der Lehrer keine Respektsperson dar, so fällt es den Schülern schwer ihn als Vorgesetzten zu akzeptieren. Daher können es jüngere Frauen bei Oberstufenschülern schwieriger haben. Das Gegenteil – ein besonders autoritäres Auftreten – wurde im Interview auch als Machtkonfliktmagnet beschrieben weil es als eine geringe Fachkompetenz interpretiert werden kann, welche durch strenges Vorgehen zu vertuschen versucht wird. Auch hier rebellieren die Schüler laut Proband E, da ein Befehlston ohne Transparenz ihren Unwillen weckt.

Alle Probanden stimmten darin überein, dass erfahrene Lehrer weniger Probleme mit Machtkonflikten haben, weil sie eine größere Auswahl an Handlungsalternativen im Kopf haben und die nötige Routine die effektivste auszuwählen. Sie wirken daher auf Schüler nicht unsicher. Dennoch kann auch im Unterricht dieser Lehrer ein Machtkonflikt ausbrechen. Dies ist dann der Fall, wenn ein Schüler in einem sportlichen Bereich sich für einen Experten und für ebenbürtig mit dem Lehrer hält. Auch hier wird ersichtlich, dass das hierarchische Verhältnis vom Schüler nicht mehr anerkannt wird, da er annimmt, über die größere Fachkompetenz zu verfügen.

Aber auch in Situationen, in denen der Sportlehrer seinen Schülern fachlich überlegen ist, kann es zu Machtkonflikten kommen. Dies liegt dann an der Vorgeschichte der Schüler. Manche Kinder tragen Probleme mit sich herum, die sie kompensieren müssen. Im Sportunterricht ist die entsprechende Gelegenheit durch den erweiterten Bewegungsrahmen gegeben. Derartige Machtkonflikte haben ihren Auslöser nicht im Sportunterricht oder dem Sportlehrer, sondern haben in der Sporthalle lediglich günstige Bedingungen vorgefunden. Die Gefahr bei diesen Schülern besteht darin, dass Lehrer sie bei mehrmaligem Fehlverhalten stigmatisieren. Auf diese Weise können folgende Machtkonflikte durch eine Hypersensibilität des Lehrers auf diesen Schüler ausgelöst werden.

Auch die Pubertät wurde von den Probanden als Hauptmerkmal und Auslöser für Machtkonflikte bezeichnet. Besonders Jungen scheinen in ihrer Entwicklung bisweilen Machtkämpfe austragen zu wollen. Die Befragten sind der Ansicht, dies könne die Jugendlichen bei pädagogischer Leitung zu neuem sozialem Lernen führen oder ihnen zumindest beibringen, gewisse Grenzen und Autoritätspersonen zu respektieren.

Bei den präventiven Maßnahmen scheint die Devise der Sportlehrer die Routine zu sein. Alles, was immer in gleichen Bahnen verläuft, führt demnach seltener zu Machtkonflikten. Bei den Maßnahmen zur Problemlösung ist das Vier-Augen-Gespräch die bevorzugte Methode. Hier wird zum einen der Hintergrund erfragt sowie der Fehltritt bewusst gemacht. Die Lehrer erhoffen sich von dem Einzeldialog mit dem Schüler, dass weder das Kind noch die Beziehung zum Lehrer unter den Folgen des Machtkonfliktes leidet. Der Einbezug weiterer Autoritäten – wie z.B. des Klassenlehrers und des Schulleiters – dient dazu das Problem des Schülers von mehreren Erziehungspersonen gleichzeitig und dadurch effektiver anzugehen. Nur wenn sich die Lehrer sehr hilflos gegenüber einem Schüler fühlen, greifen sie zum Druckmittel „Zensur“. Doch bei einem Machtkonflikt haben nicht nur die Schüler unter den Konsequenzen zu leiden. Die Befragten berichteten, dass sie emotional unter der Situation länger gelitten hätten und in einigen Fällen von Schülercliquen durch weitere Machtkonflikte „bestraft“ worden seien. Derartiges Schülerverhalten erschwert den weiteren Unterricht erheblich und macht das Leben der Lehrperson anstrengender.

Es lässt sich abschließend zusammenfassen, dass Wissen und Können in der Schule Macht bedeuten. Im natürlichen Fall verfügt der Lehrer über mehr Fach- und Sachkompetenz als seine Schüler und ist insofern als Autorität anerkannt. Wenn ein Schüler der Kompetenz des Lehrers nicht mehr traut und sich selbst als ebenbürtig empfindet, so rebelliert er gegen seine nun ‚ungerechte niedrigere Stellung‘ in der Hierarchie.

Hängt der Machtkonflikt nicht mit der Kompetenz des Lehrers, sondern mit der Vorgeschichte des Schülers zusammen, so ist er als Hilferuf zu deuten. Die Probleme des Kindes müssen erkannt und in Angriff genommen werden, sonst wird der Schüler zu einem Wiederholungstäter.

Lehrer wissen über Machtkonflikte unter Schülern nur sehr wenig. Um hier ein genaueres Bild zu bekommen, müssen Kinder selbst befragt werden.

3.11 Methodenkritische Reflexion

Auf die Darstellung sowie die Interpretation dieser Ergebnisse sollen nun die Methode der Datenerhebung reflektiert werden, sowie mögliche Grenzen aufgezeigt werden. Hierzu werden unter anderem die während der Interviews verfassten Gesprächsnotizen verwendet. Beachtet werden muss jedoch, dass es sich hierbei um die subjektiven Einschätzungen des Interviewers handelt.

Die Notizen zeigen, dass die Interviews zwischen 40 und 55 Minuten in Anspruch genommen haben. Dies lag zum einen am Leitfaden, zum anderen aber auch an den zum Teil sehr ausführlichen Antworten der Befragten. Hieraus und aus den Gesprächsnotizen lässt sich ableiten, dass die Probanden durch die Länge des Interviews nicht unter Zeitdruck standen, da für die Befragung auch eine volle Zeitstunde mit ihnen vereinbart worden war. Demnach ist das Datenmaterial nicht durch die Länge der Interviews negativ beeinflusst worden.

Die Atmosphäre war bei allen Interviews nach einer kurzen Eingewöhnungsphase sehr gelöst und entspannt. Die Befragung kam dadurch einem normalen Gespräch nahe. Dies war für diese Studie mit Sicherheit von Vorteil, da – wie in der Einleitung geschrieben – das Thema Machtkonflikt den Anschein macht, ein Tabu-Thema zu sein. Insofern kann davon ausgegangen werden, dass die Antworten, die in den Interviews gegeben wurden, ehrlich sind und nicht auf Grund eines Schamgefühls verändert wurden.

Während der Interviews hat sich gezeigt, dass das Stellen von Doppelfragen eher problematisch ist, da sich die Probanden nicht alles merken konnten und daher Nachfragen gestellt werden mussten. Da die Lehrer immer wieder ermutigt wurden Anekdoten und Ansichten zu erzählen, kam das Gespräch auch auf neue Themenbereiche, die in den theoretischen Vorüberlegungen noch nicht bedacht wurden. Sofern diese für die Forschungsfrage relevant waren, wurde auch in den darauffolgenden Interviews darauf eingegangen.

Interviews müssen nach Diekmann (2007, S. 439 ff.) auf systematische Antwortverzerrungen untersucht werden. Derartige Fehlerquellen in den Daten sollen auf diese Weise weitgehend eliminiert werden. Eine Einflussgröße auf die Antworten der Befragten ist die soziale Erwünschtheit. Hierunter wird die Angleichung der eigenen Meinung an die sozial erwünschte verstanden (vgl. Diekmann, 2007, S. 443). Gerade bei einem im Lehrerzimmer heiklen Thema wie dem Machtkonflikt könnten derartige Tendenzen auftreten. Da jedoch allen Lehrern klar war, dass ihre Antworten zwar aufgezeichnet, jedoch nur anonym genutzt werden, besteht hier eine hohe Wahrscheinlichkeit, dass die Befragten nicht versucht haben ihre Antworten zu verzerren. Weiterhin wurden in den Interviews stets „neutrale Frageformulierungen" verwendet (vgl. Diekmann, 2007, S. 449), um die Probanden nicht zu beeinflussen und die Fehlerquelle der sozialen Erwünschtheit zu minimieren. So wurden die Probanden z.B. nicht gefragt, ob ihnen die Machtkonflikte peinlich seien, sondern lediglich wie sie sich danach gefühlt hätten. Die Auswahl der Frageformulierungen wurde bereits in Kap. 3.3, begründet.

Da nicht nur die Formulierung der Frage, sondern auch die Körpersprache des Interviewers die Antwort des Befragten beeinflussen kann (vgl. Diekmann, 2007, S. 440), könnte argumentiert werden, dass hier eine schriftliche Befragung besser geeignet wäre. Dagegen spricht jedoch, dass die Antworten dann weniger ausführlich wären und der Interviewer keine Möglichkeit hätte Nachfragen zu stellen, wenn ihm eine Aussage unklar ist. Die gewählte Form der Datenerhebung lässt dagegen durch den Leitfaden auch die Möglichkeit zu, auf weitere Aspekte einzugehen, die der Befragte einzubringen weiß. Daher ist die Methode auch im Nachhinein noch als sinnvoll anzusehen, gerade weil der Bereich bisher unerforscht ist und sich die qualitative Vorgehensweise, wie in Kapitel 3.2 beschrieben, daher eher anbietet.

Da die Gütekriterien der quantitativen Forschung mit leichten Abwandlungen auch auf die qualitative Forschung angewendet werden können, wie Atteslander schreibt (2008, S. 214 ff.), soll abschließend noch auf die Objektivität, die Reliabilität sowie die Validität der Studie eingegangen werden.

Durch die Teilstandardisierung der Untersuchungsmethode mithilfe des Leitfadens wurde eine möglichst hohe Objektivität angestrebt. Es ist davon auszugehen, dass andere Forscher bei gleichen Voraussetzungen und gleichem Versuchsablauf zu ähnlichen Ergebnissen kommen würden.

Zur Reliabilität kann auf Grund der Tatsache, dass es keine Methode der Zuverlässigkeitsprüfung für qualitative Forschung gibt, nicht viel gesagt werden. Trotzdem wurde in der Untersuchung angestrebt möglichst zuverlässige Daten zu erlangen.

Nach Atteslander (2008, S. 214) ist die Validität das wichtigste Gütekriterium. Für die gewonnenen Ergebnisse ist die Glaubwürdigkeit der Aussagen der Probanden von entscheidender Bedeutung. Um dies bestmöglich zu prüfen, wurden die Gesprächsnotizen herangezogen. Sie geben die Einschätzung des Interviewers wieder, welche nicht nur auf den verbalen Aussagen, sondern auch auf ihrem nonverbalen Verhalten basieren. Dies ermöglichte Einblicke in die wahren Ansichten der Befragten. Da die verbalen und nonverbalen Aussagen, aus Sicht des Interviewers, übereinstimmen, erhöht dies die Sicherheit der Validitätsentscheidung.

Es ist wichtig darauf hinzuweisen, dass die beschriebenen Erkenntnisse auf Grund der kleinen Stichprobe von fünf Sportlehrern nicht generalisierbar sind. Es ging in der Untersuchung jedoch auch nicht darum verallgemeinerbare Erkenntnisse zu generieren, sondern darum, einen ersten Einblick in das Phänomen zu erlangen. Die gewonnenen Einsichten können somit als Hypothesen für kommende Studien dienen.

4 Reflexion und Rückbezug zur Theorie

Im Folgenden sollen die Ergebnisse der Studie mit den in Kapitel 2 dargelegten theoretischen und empirischen Erkenntnissen vertieft werden. Hierzu werden die in Kapitel 3.9 aufgestellten Thesen noch einmal aufgegriffen und dem gegenüber gestellt, was in der Literatur bereits zum jeweiligen Aspekt veröffentlicht wurde.

Hierarchisches Gefälle ja – Macht jein.

Die Auswertung der Interviews ergab, dass die Lehrer ihre hierarchische Stellung auf ihre Fachkompetenz sowie ihre Machtinstrumente gründen. Dies geht mit der Beschreibung von Plaßmann (2003, S. 238) konform, die die Macht der Lehrperson in ihrem Wissensvorsprung vor den Schülern und der Amtsautorität sieht. Das Verständnis von „Macht ausüben" reichte bei den Probanden von der Lenkung des Unterrichts bis hin zum Einsatz ihrer Machtinstrumente. Auffällig war, dass in der Literatur mehr Handlungsmöglichkeiten aufgezählt wurden (vgl. Kern, 1976, S. 108) als in den Interviews. Fraglich ist, ob die Befragten diese Mittel nicht einsetzen oder sie ihnen zu banal erschienen, um sie zu erwähnen, da sie täglich häufig angewendet werden. Die meisten der genannten Methoden stimmen jedoch überein.

Der Begriff „Macht" wurde von einigen Probanden im schulischen Kontext als unpassend abgelehnt, wohingegen er in der Literatur verbreitet ist und nicht dieselben negativen Assoziationen zu wecken scheint wie bei den Lehrern. Allgemein kann gesagt werden, dass die Schlussfolgerung aus den Interviews weitgehend mit der veröffentlichten Literatur übereinstimmt. Lediglich den Terminus lehnen einige Praktiker ab, was darauf schließen lässt, dass sie darunter Maßnahmen verstehen, auf die sie verzichten. Für das Verständnis von schulischen Machtkonflikten ist es wichtig deutlich zu machen, dass Lehrer – wie die Probanden geschlossen berichteten – auf die Anerkennung ihrer hierarchischen Stellung bestehen. Sie agieren also als Autorität und sehen ihre Macht bei Machtkonflikten bedroht. Diese Voraussetzung ist ein wichtiger, Konflikt bestimmender Aspekt.

Macht unter Schülern geht aus ihrer Gruppenbildung sowie ihren wachsenden Kompetenzen hervor.

Die Macht der Schüler wurde nur von wenigen Probanden thematisiert. In den Interviews stellte sich heraus, dass die Kinder ihre Stärke aus ihrer Gruppenzugehörigkeit und Rangordnung ziehen. Diese kann sich, im Beispiel von Probandin A, auch gegen den

Lehrer richten. Dies findet sich auch in der Literatur wieder. So schreibt Plaßmann, dass Schüler ihre Lehrer für Fehlverhalten – aus ihrer Sicht – auf diese Weise bestrafen (vgl. Plaßmann, 2003, S. 261). Hier wird jedoch die Quelle der Macht nicht in der Gruppenzugehörigkeit, sondern im einzelnen Schüler gesehen. Weiterhin ergab die Evaluation, dass die Lehrer die Macht der Schüler als zunehmend einschätzen. Auch Plaßmann (2003, S. 258) verweist darauf, dass Jugendliche mit wachsenden Kompetenzen an Macht gewinnen. Somit scheint das Prinzip der Kompetenz-Macht-Korrelation auch bei Heranwachsenden zu gelten.

Konflikt als Verfolgung unterschiedlicher Ziele.

Die Ergebnisse der Studie zur Konfliktdefinition gehen mit Rapoports (1974, S. 8) Terminusbeschreibung konform. Er beschreibt den Konflikt als einen Sammelbegriff. So lässt sich die einhellige Definition der Lehrer auch auf jede Stufe des Messmerschen Konfliktmodells (2003, S. 279) anwenden, denn unterschiedliche Ziele werden in jeder Auseinandersetzung verfolgt. Die Probanden grenzen den normalen Konflikt jedoch deutlich zum Machtkonflikt ab. Bei einem einfachen Konflikt geht es für sie nur um verschiedene Ziele, nicht aber um einen Angriff. Dies stimmt auch mit den ersten zwei Stufen des Konfliktmodells nach Messmer überein. Lediglich der Beziehungskonflikt befindet sich nach der Definition der Probanden somit in einer Grauzone.

Machtkonflikte in der Schule sind eine Nicht-Anerkennung der Autorität des Lehrers in jeglicher Form.

Die Probanden definieren den Machtkampf als Angriff auf ihre hierarchische Stellung. Als zentrales Merkmal des Machtkonfliktes nennt Messmer die Feindwahrnehmung, welche er als „existenzielle Gefährdung des eigenen Selbst und der eigenen Identität" (2003, S. 235) beschreibt. Es zeigt sich, dass die beiden Definitionen übereinstimmen. Die hierarchische Position der Probanden gehört zu ihrer Identität als Lehrer.

Auch die Drohkommunikation, also das in Aussichtstellen des Einsatzes von Machtmitteln, ist ein Bestimmungsaspekt nach Messmers Theorie. In der Schule kann die Ermahnung, die der Lehrer an den Schüler richtet, als implizite Drohung verstanden werden, da der Pädagoge auf eine Regel verweist, deren Missachtung mit Konsequenzen verbunden ist. Auch hier findet sich demnach eine Übereinstimmung der Beschreibung der Probanden mit der Theorie Messmers. Die Lehrer erklärten, dass die Einstufung eines Konfliktes sehr subjektiv sei. Sie ist abhängig von der Sorge des Lehrers um seine Autorität und Kontrolle sowie seine tagesformabhängige emotionale Reaktion auf Störungen. Auch diese Aussage findet sich bei Messmer wieder. Er schreibt: „Was zählt, ist primär das individuelle Konflikterleben, weniger dagegen das tatsächliche Verhalten des anderen“ (Messmer, 2003, S. 234). Es zeigt sich, dass die Aussagen der Befragten mit der Definition und Ausführung Messmers zum Machtkonflikt übereinstimmen. Daraus lässt sich schlussfolgern, dass die Probanden wirklich Machtkonflikte nach Messmers Theorie in ihrem Schulalltag erlebt haben und diese nicht nur als solche empfunden haben. Weiterhin zeigt sich dadurch, dass alle Probanden von Beispielen berichten konnten und dass der Machtkonflikt ein Phänomen ist, von dem sowohl junge als auch erfahrene Pädagogen betroffen sind.

Machtkonflikte gehören zur Entwicklung.

Die Probanden sehen Machtkonflikte als Bestandteil des Erwachsenwerdens an. Bereits Dreikurs et al. schrieben: „Heute wagt die Jugend viel offener, sich zu widersetzen“ (2007, S. 195). Das Auflehnen gegen Autoritäten ist somit von je her da gewesen, in letzter Zeit jedoch offensichtlicher geworden, z.B. durch offen ausgetragene Machtkonflikte zwischen Lehrern und Schülern. Auch Tymister (2002, S. 84), verweist darauf, dass Jugendliche probehandeln. Hierunter fällt auch das Ausprobieren ihrer eigenen Macht. Ein Proband erklärte, die Pubertät forciere Machtkonflikte, da die Jugendlichen auf diese Weise ihre Identität entwickeln würden. Eine ähnliche Aussage findet sich auch bei Miethling, der dies als körperliche Suchbewegungen der Jugendlichen bezeichnet (vgl. Miethling, 1993, S. 16). Durch diese übereinstimmenden Befunde lässt sich schlussfolgern, dass Konflikte und Machtkonflikt durch die Pubertät forciert werden. Damit kann abgeleitet werden, dass die Pubertät ein wesentlicher, aber von den Lehrern als „normal“ angesehener Auslöser für Machtkonflikte ist.

Machtkonflikte als Ausgangspunkt für soziales Lernen.

Die Probanden erklärten, Machtkonflikte könnten als Ansatz für soziales Lernen genutzt werden. Die Kinder könnten hieraus den Umgang mit Konflikten, Empathie, Kompromissfindung sowie das Einhalten von Grenzen lernen. Die in Kap. 2.1 dargelegte wissenschaftliche Literatur sieht den Machtkonflikt kritischer. Hier lassen sich nicht so viele Lernoptionen für die Kinder finden. Lediglich Charles beschreibt, dass ein verantwortungsvoller Umgang mit der Thematik es vermeiden kann, dass Kinder und Jugendliche in Zukunft falsche Motive mit ihrem Handeln verfolgen (Charles, 1996, S. 85). Auch Tymister sieht den einzigen möglichen Vorteil darin, dass die Schüler lernen Grenzen zu wahren (vgl. Tymister, 2002, S. 84). Die Aussagen der Probanden stimmen somit mit ihm überein. Es zeigt sich, dass es außer dem Erlernen der Grenzeinhaltung keine Überschneidungen der Theorie und der Ergebnisse der Probanden gibt. Dies könnte daran liegen, dass die Probanden lediglich aufgezählt haben, was erlernbar wäre. Proband E erklärte, dass die Zeit im schulischen Kontext zu knapp bemessen sei, um produktiv mit Machtkonflikten umzugehen. Es lässt sich somit nur die Vermutung anstellen, dass der Mangel an Zeit die Lehrer davon abhält, produktiv mit dem Phänomen umzugehen und dass es daher auch nur wenig in der Theorie darüber zu finden gibt.

Sportspezifische Machtkonflikte.

Die Probanden erklärten, dass die Machtkonflikte im Sportunterricht anders seien als im Klassenunterricht. Als Grund hierfür führten sie die Voraussetzungen an, welche sich durch ein großes Raumangebot sowie Sportgeräte mit hohem Aufforderungscharakter auszeichnen. Ähnliches bezogen auf Störungen – der möglichen Vorstufe von Machtkonflikten – schreibt Miethling in seinen Ausführungen über die Bedingungen des Sportunterrichts (vgl. Miethling, 1993, S. 14). Weiterhin erklärten die Probanden, dass die Schüler Schwierigkeiten haben den Unterschied zwischen Freizeit- und Schulsport zu verstehen und anzuerkennen. Diese Aussage findet sich bei Bräutigam in der von ihm beschriebenen ersten Spannung des Sportunterrichts: „Die Spannung zwischen dem außerschulischen Sport und dem Schulsport“ (Bräutigam, 2003, S. 62).

Aus diesem Grund fordern Schüler auch ihre Lieblingsdiziplinen ein und verschmähen andere. „So können die subjektiven Vorstellungen und Wünsche der Schüler in einen Widerspruch zu dem geraten, was dem Lehrer objektiv aufgetragen ist“, schreibt Bräutigam (2003, S. 58). Weiterhin kommt hinzu, dass Sportspiele die Schüler emotional sehr stark involvieren, sodass banale Vorfälle zu heftigen Reaktionen führen können. An dieser Stelle können auch wieder die von Miethling beschriebenen körperlichen Suchbewegungen der Jugendlichen ins Spiel kommen, welche im großen Raum der Sporthalle besser ausgelebt werden können (vgl. Miethling, 1993, S. 16). Es lässt sich ableiten, dass sowohl in der Theorie als auch in den Interviews der Tenor herrscht, dass der Sportunterricht spezifisches Potenzial für Machtkonflikte birgt. Die Probanden erklärten nicht den Eindruck zu haben im Sportunterricht mit mehr, jedoch mit anderen Machtkonflikten kämpfen zu müssen.

Machtkonflikte – vorwiegend provoziert durch Wiederholungstäter: Prototyp 1 & Prototyp 2.

Die Probanden beschrieben, dass einige der Schüler, die einen Machtkampf provoziert hätten, für derartiges Verhalten bekannt seien. Für die zwei abgeleiteten Prototypen finden sich auch in der Theorie Belege. Der aufbrausende Vereinsspieler, der die Fachkompetenz des Lehrers in seinem Spezialbereich anzweifelt, findet sich bei Dreikurs et al. (2007, S. 195). Hier wird über die Rebellion gegen die Autorität geschrieben, und dass dies damit zusammenhängen kann, dass das Kind mit Entscheidungen des Erwachsenen nicht übereinstimmt (vgl. Dreikurs et al., 2007, S. 73). Diese Beschreibung stimmt mit dem ersten Prototypen überein. Der zweite ist, entsprechend der Interviews, ein pubertierender, männlicher Schüler, welcher unter einer Vorgeschichte leidet und auf Grund dessen zu Kompensationshandlungen neigt. Ähnliches findet sich bei Charles (1996, S. 84), der zum einen auf den Wunsch von Kindern und Jugendlichen verweist, zu einer Gemeinschaft zu gehören, zum anderen aber auch auf Kompensationshandlungen für nicht befriedigte Bedürfnisse eingeht. All diese Aspekte können nach Charles Machtkonflikte hervorrufen. Folglich finden sich auch für den zweiten Prototyp Hinweise in der Literatur. Es kann somit geschlussfolgert werden, dass die in den Beschreibungen der Probanden enthaltenen Merkmale mit hoher Wahrscheinlichkeit das Auftreten von Machtkonflikten begünstigen.

Schüler wollen testen.

Die Probanden waren der Ansicht, dass die Schüler die Strenge ihrer Lehrer durch Brechen von Regeln austesten. Dieses Verhalten beschreibt auch Tymister als „Probehandeln“ (vgl. Tymister, 2002, S. 84). Die Befragten erläuterten, die Kinder hätten die Absicht durch ihr Verhalten Schwächen des Lehrers freizulegen oder ihn fertigzumachen. Diese Handlungsmotive finden sich auch bei Dreikurs et al. (2007, S. 21). Sie schreiben, dass Kinder mitunter mit dem Vorsatz „Überlegenheit [zu] erlangen“ (Dreikurs et al., 2007, S. 21) sowie mit dem Ziel „Rache [und] Vergeltung [zu] üben“ (Dreikurs et al., 2007, S. 21) handeln würden. Diese Motive stimmen mit den Beschreibungen der Probanden überein. Es kann daher angenommen werden, dass sie sich in weiteren empirischen Untersuchungen bestätigen werden.

Machtkonflikte als Protest gegen den aktuellen Unterricht.

Nach Angabe der Probanden entstehen Machtkonflikte zum Teil, weil Schüler gegen die äußeren Umstände protestieren. So kann der Unmut über ein Thema im Sport eine Art Schülerstreik forcieren. Auch Bräutigam schreibt, dass Widersprüche zwischen den Wünschen der Schüler und den Vorgaben der Lehrer auftreten können (vgl. Bräutigam, 2003, S. 58). Weiterhin gaben die Befragten an, dass Langeweile sowie uneinsichtige Regeln Ursachen für Machtkämpfe sein können. Scherler (2004, S. 144-145) verweist ebenfalls darauf, dass sich durch mangelnde Passung der Unterrichtsbedingungen Störungen ergeben können. Wiederum zeigt sich, dass die aufgeführten Motive der Probanden nach Ansicht von Bräutigam und Scherler zu Konflikten führen können. Nach der Argumentation dieser Untersuchung können sie somit auch Machtkonflikte verursachen.

Machtkonflikt aus Spaß und als Mittel zur Gruppenzugehörigkeit.

Zu dieser Aussage der Probanden findet sich lediglich eine Übereinstimmung mit Charles, der das Bedürfnis von Kindern und Jugendlichen zu einer Gruppe zu gehören als Motiv für Fehlverhalten beschreibt (vgl. Charles, 1996, S. 84).

In der Literatur findet sich ansonsten nichts, was diese Ansicht der Befragten stützen könnte, da Machtkonflikte unter Kindern noch nicht erforscht wurden. Genauere Schlussfolgerungen sind erst nach weiterer Forschung möglich.

Machtkonflikte auf Grund des Lehrstils.

Diese These findet in der Theorie einige Übereinstimmungen. So schreibt Miethling (1993, S. 14), dass der Lehrstil der Pädagogen zu Konflikten führen kann. Plaßmann (2003, S. 245) geht mit der Aussage der Befragten konform, dass ein unsicher auftretender Lehrer zu einem Machtvakuum in der Klasse führen kann, woraus sich Machtkonflikte ergeben können. Auch das andere Extrem, ein sehr autokratischer Lehrstil birgt, nach Ansicht der Probanden, Machtkampfpotenzial. Diese Meinung findet sich auch bei Charles (1996, S. S. 85). Da sich für die Lehrstil-These bereits viele Andeutungen in der Theorie finden, ist davon auszugehen, dass sie sich bei einer weiteren Überprüfung bewahrheiten würde.

Referendare bevorzugt.

Die Ansicht der Probanden, dass Referendare auf Grund ihres begrenzteren Handlungsrepertoires sowie ihrer geringeren Routine mehr mit Machtkonflikten zu kämpfen haben, lässt sich in ähnlicher Form in den Studien von Wahl und Calderhead finden. In den Studien geht es zwar in erster Linie um Konflikte, da dieser Begriff jedoch ein Sammelbegriff ist, unter welchen auch Machtkonflikte fallen, kann geschlussfolgert werden, dass die beiden Studien diese These stützen.

Frauen gehören zum Beuteschema.

Zu der Aussage der Probanden A und B, dass Frauen eher als Männer mit Machtkonflikten zu kämpfen haben, lassen sich keine Ansätze in der Theorie finden. Lediglich weitere Forschung kann hier zu Antworten führen.

„Indikatoren? Das kam eher unerwartet…“

Die Befragten berichteten aus ihrer Erfahrung keine Indikatoren vor Machtkonflikten bemerkt zu haben. Dies geht nicht mit den Erkenntnissen aus der Theorie konform. So schreibt Glasl (2008, S. 84): „Heftige Konflikte fallen nicht aus heiterem Himmel, sie bahnen sich an und werden schrittweise intensiver.“ Auch Messmer legt in seiner Theorie dar, dass sich der Machtkonflikt aus den vorhergehenden Konfliktstufen entwickelt. Es muss demnach erforscht werden, ob sich der schulische Machtkonflikt auf Grund seiner Bedingungen – die Schüler kompensieren negative Erlebnisse aus anderen Stunden oder der Pause im Sportunterricht – von der Messmerschen Theorie unterscheidet.

Präventive Maßnahmen.

Als effektive präventive Maßnahmen der Lehrer konnten „einheitliche Präventionsmaßnahmen durch Fachkonferenzbeschlüsse“ sowie „Routine in der Mannschaftsbildung“ festgestellt werden. Es zeigt sich, dass der konfliktminimierende Aspekt in beiden Thesen die Beständigkeit der Prozedur ist. Besonders die erste These findet sich bei Sieland, der dafür plädiert, Maßnahmen für Probleme gemeinsam abzusprechen (vgl. Sieland, 2002, S. 53). Weiterhin gibt es Kongruenzen zwischen der These zwei und Lohmann, der das Einführen von Gewohnheiten als präventive Maßnahme beschreibt (vgl. Lohmann, 2003, S. 125). Die beiden Thesen lassen sich somit unter dem Überbegriff der Routine zusammenfassen und können durch die Literatur gestützt werden.

Reaktive Strategien.

Bei den von den Lehrern angegebenen reaktiven Maßnahmen gibt es viele Übereinstimmungen mit der Theorie. Das Abkühlen der Emotionen auf der Bank findet sich bei Lohmann in abgewandelter Form als Trainingsraumprinzip. Ist es einem Schüler emotional nicht mehr möglich dem Unterricht und den Anweisungen des Lehrers zu folgen, so kann er sich eine Auszeit nehmen (vgl. Lohmann, 2003, S. 161). Da es in vielen Schulen ein derartiges Modell noch nicht gibt, ist die Bank am Rande des Sportgeschehens die beste Alternative, da hier der Lehrer noch seiner Aufsichtspflicht nachkommen kann.

Als darauffolgende Maßnahme nannten die Probanden das Vier-Augen-Gespräch, bei dem sie zum einen versuchen den Grund für das Verhalten des Schülers zu erfragen und zum anderen ihm seinen Regelbruch zu verdeutlichen. Das Herausstellen der verletzten Regel findet sich bei Lohmann in den Fragen, die man einem Schüler als Reaktion auf seine Störung stellen soll – „Wie lautet die Regel?“ (Lohmann, 2003, S. 159). Die Probanden machen sich, nach eigener Angabe, hier jedoch mehr Mühe, indem sie versuchen die Ursache der Störung zu ergründen.

Weiterhin beschrieben einige von ihnen pädagogische Maßnahmen, z.B. das Halten eines Referates oder eine schriftliche Aufgabe mit dem Thema des Regelbruchs. Sie versuchen auf diese Weise eine „Sanktion“ in einen Lernprozess umzuwandeln. Hierzu findet sich kein direkter Bezug in der Theorie. Die Befragten erklärten, auch andere Autoritätspersonen wie die Eltern, den Klassenlehrer und zum Teil auch den Schulleiter zu informieren. Dieses Vorgehen wird auch von Kern (1976, S. 108) beschrieben. Auf diese Weise kann eine gemeinsame weitere Erziehungsstrategie abgesprochen werden.

Als letztes Mittel erwähnten die Lehrer die Note, die in diesem Kontext als Druckmittel verstanden werden kann. Keiner der Probanden berichtete dieses Mittel eingesetzt zu haben. Ulich schreibt, dass Lehrer die Note als Überzeugungsinstrument einsetzen würden (vgl. Ulich, 1976, S. 54). Die Maßnahmen, von denen die Probanden berichteten, finden sich in der Theorie als Strategien gegen Konflikte im Allgemeinen. Weitere Forschung könnte nun ergeben wie effektiv diese Strategien bei Machtkämpfen sind.

Lehrer werden im Machtkonflikt durch negative Emotionen beeinflusst.

Die Probanden beschrieben, dass sie in Machtkämpfen durch ihre aufgebrachten Gefühle in ihrem Handeln beeinflusst würden. Ihre Maßnahmen, um die Schüler wieder unter

Kontrolle zu bekommen, werden dadurch strenger. Auch Glasl schreibt, dass eine sachliche Steuerung eines Konfliktes auf Grund von Emotionen meist nicht möglich ist (vgl. Glasl, 2008, S. 25). Wahl hat die Auswirkung von Emotionen auf die Handlungsentscheidung von Lehrern erforscht und dabei herausgefunden, dass Emotionen ausschlaggebend für die Handlungen von Lehrern sind. Die These wird somit sowohl von der Theorie als auch von einer bereits vorhandenen Studie gestützt. Daher kann angenommen werden, dass sie sich in weiteren Untersuchungen zu dem Thema verifizieren kann.

Punitive Maßnahmen für mehr Kontrolle.

Einige der Probanden berichteten, nach Machtkonflikten mit der Lerngruppe mehr Probleme gehabt zu haben. Sie reagierten darauf mit mehr punitiven Maßnahmen und einem autoritäreren Auftreten. Tymister erklärt die vermehrten Probleme damit, dass das Motiv des Strebens nach Dominanz bei den Kindern durch den Gewinn verstärkt wurde (vgl. Tymister, 2002, S. 84). Plaßmann meint, dass die Schüler sich zusammengeschlossen haben, um den Lehrer für sein Verhalten mit ihrer Macht zu bestrafen (vgl. Plaßmann, S. 259). In ihrer Studie fanden Dann et al. (1987, S. 318) heraus, dass Lehrer der Ansicht sind, dass punitive Maßnahmen in derartigen Situation effektiver seien. Dieses 1987 festgestellte Ergebnis scheint immer noch zu stimmen wie die Folgerung aus dieser Studie zeigt.

Gesichtsverlust für Schüler.

Dass Schüler in einem Machtkonflikt vor ihren Freunden bloßgestellt werden können und dass dadurch ihr Selbstbild Schaden nehmen kann, wurde lediglich von einem Probanden erwähnt. Grewe (2002, S. 57) warnt davor, dass Schüler, die dies erlitten haben, zu Kompensationshandlungen greifen könnten, und stützt somit die These. Da jedoch alle Probanden das Vier-Augen-Gespräch propagieren, scheint zumindest der Gesichtsverlust vor der Klasse selten vorzukommen. Dies muss sich in weiteren Untersuchungen jedoch noch bestätigen.

Machtkonflikt to go.

Die Probanden berichteten, dass die Machtkonflikte sie auch zu Hause noch emotional belasten würden. Dies deckt sich mit Miethlings Modell „Handeln unter Druck“, welches damit endet, dass der Lehrer unter „Verletzung, Enttäuschung und Zweifel[n]“ (vgl. Miethling, 1993, S. 19.) leidet. Einer der Befragten gab sogar zu psychosomatische Auswirkungen zu haben (Bauchschmerzen). Es zeigt sich in den Interviews sowie in der Reflexion der Theorie, dass Machtkonflikte auch für die hierarchisch höherstehende Person sehr unangenehme Folgen haben können. Aus diesem Grund wäre es sehr wichtig an dieser Stelle weitere Forschungen anzuregen, um durch mehr Wissen über das Phänomen besser damit umgehen zu können.

5 Fazit

Die Studie hat gezeigt, dass die Aussage, mit der dieses Buch begonnen hat – „Machtkonflikte? Ham‘ we‘ nich‘!“ – lediglich von der Tabuisierung der Thematik zeugt. Die Tatsache, dass alle Probanden Beispiele aufzeigen konnten, zeigt, dass Machtkämpfe im Schulalltag existieren.

Die Forschungsfrage – „Wie gehen Sportlehrer mit Machtkonflikten um?“ – kann auf Grund der Studie wie folgt beantwortet werden: Über Machtkämpfe unter Schülern konnte die Studie nur feststellen, dass Lehrer kaum Einblick in diesen Bereich haben. Sie bemühen sich zwar darum Informationen zu bekommen und stellen Vermutungen über Motive an, diese Daten sind jedoch wenig aussagekräftig. Es muss eine eigene Erhebung zu diesem Thema durchgeführt werden, da hierüber nur die Kinder selbst berichten können.

Die Studie hat ergeben, dass sich Machtkonflikte im Sportunterricht von solchen im Klassenraum unterscheiden. Dies liegt an dessen Bedingungen (z.B. mehr Bewegungsfreiheit sowie der Aufforderungscharakter der Geräte). Man kann demnach von sportunterrichtspezifischen Machtkonflikten sprechen.

Die Definition der Probanden, die den Machtkonflikt als Angriff auf ihre hierarchische Stellung in jedweder Form beschrieben, stimmt weitgehend mit der von Messmer überein. Lediglich in Bezug auf die Indikatoren gibt es Abweichungen.

Es hat sich weiterhin in der Interpretation der Ergebnisse herauskristallisiert, dass es zwei verschiedene Hauptursachen für einen Lehrer-Schüler-Machtkonflikt gibt.

$S < L$ Idealzustand

Die Kompetenzen des Schülers sind geringer als die seines Lehrers.

$S \geq L$ Machtkonflikt

Die Kompetenzen des Schülers sind aus dessen Sicht ebenbürtig oder größer mit denen des Lehrers.

$S + V > L$ Machtkonflikt

Durch die Vorgeschichte des Schülers wird eine Kompensationshandlung ausgelöst. Die Kompetenzen des Lehrers sind für dieses Szenario irrelevant und daher hier als kleiner dargestellt.

Abb. 2. Zwei Hauptursachen des Machtkonfliktes (Schabsky, D.)

Der Idealzustand sieht vor, dass es ein Machtgefälle zwischen dem Lehrer und seinem Schüler gibt, welches durch die Machtinstrumente, überwiegend jedoch durch seine Sach-

und Fachkompetenz, begründet ist. Wird dieses Ungleichgewicht aufgehoben, so besteht die Gefahr eines Machtkonfliktes.

Dies kann auf zwei Weisen geschehen. Ein Mangel an Kompetenzen seitens des Lehrers den Schüler provozieren. Dies kann zum einen dadurch auftreten, dass das Kind in einer bestimmten Disziplin der Ansicht ist, mindestens ebenso gut zu sein wie der Lehrer. Auf der anderen Seite besteht die Möglichkeit, dass der Lehrer unsicher auftritt (z.B. im Referendariat) und dem Schüler dadurch das Gefühl vermittelt sich als „Opfer" für einen Machtkonflikt zu eignen. In beiden Fällen mangelt es dem Lehrer an Kompetenz, da sein Wissens- bzw. Könnensvorsprung vor seinem Schüler zu gering ist und dieser somit die hierarchische Stellung des Lehrers nicht mehr anerkennt.

Die zweite Möglichkeit besagt, dass trotz überwiegender Lehrerkompetenzen der Schüler einen Machtkonflikt herbeiführt als Kompensationshandlung für Probleme, mit denen er nicht anders fertig werden kann. Somit gründet die Provokation des Kindes auf dessen Vorgeschichte. Für Lehrer ist der Umgang mit derartigen Machtkämpfen besonders schwierig, da sie unerwartet und ohne erkennbare Ursache auftreten – daher vermutlich der beschriebene Mangel an Indikatoren.

Diese Erkenntnisse sind für die Beantwortung der Forschungsfrage sehr wichtig, da sie die Grundvoraussetzungen sowie die möglichen Hintergründe der Situation darstellen. Überdies könnte eine Sensibilisierung der Lehrer für die zwei Hauptursachen ihnen helfen möglicherweise Indikatoren festzustellen bzw. auch ohne diese auf einen Machtkonflikt besser vorbereitet zu sein.

Die Studie hat ferner gezeigt, dass die Pädagogen bei Machtkonflikten im Allgemeinen sehr emotional involviert sind. Dies wirkt sich auf die Auswahl ihrer Maßnahmen aus, die dann nicht immer pädagogisch ausfallen.

Generell stellte sich jedoch heraus, dass Sportlehrer im Falle eines Machtkonfliktes ähnliche Strategien nutzen wie in normalen Konflikten. Über die Effektivität dieser Vorgehensweise kann an dieser Stelle noch nicht viel ausgesagt werden. Es zeichnete sich jedoch aus dem Konsens der Probanden ab, dass sie nach einer Abkühlung der Gemüter auf beiden Seiten, welche sehr wichtig zu sein scheint, das Vier-Augen-Gespräch als besonders effektiv empfinden, da hier einige der negativen Folgen umgangen werden können (z.B. Geschichtsverlust des Schülers vor seinen Freunden).

Die Befragten sehen den Machtkampf als Bestandteil der Pubertät von Jugendlichen und damit als normal an. Auf Grund dieser Aussage kann angenommen werden, dass die Auseinandersetzung die Schüler in ihrer Entwicklung voranbringen kann. Unter welchen Bedingungen und auf welche Weise dies geschieht wurde durch die Studie nicht deutlich. Ebenso wenig konnte ermittelt werden, was die Jugendlichen genau lernen. Die Probanden haben hierzu viele Spekulationen, stimmen jedoch lediglich im Punkt der Grenzeinhaltung mit der wissenschaftlichen Literatur überein.

Abschließend lässt sich zusammenfassen, dass Wissen und Können die natürliche Autorität eines Lehrers ausmachen. Auf Grund der Studie kann abgeleitet werden, dass ein Pädagoge, der eine gute Sach- und Fachkompetenz vorweisen kann sowie mit seinen Machtinstrumenten vertraut ist und diese pädagogisch einzusetzen weiß, wenig mit Machtkonflikten zu kämpfen hat und mit denen, die auftreten, umzugehen weiß. Die aufgestellten Theorien werden nahezu alle durch Aussagen aus der wissenschaftlichen Literatur gestützt. Dennoch bedürfen sie weiterer Forschung zur Verifizierung. Die Studie hat jedoch bereits gezeigt, dass es sehr wichtig ist, dieses Phänomen weiter zu ergründen, da selbst für die hierarchisch höher stehende Person psychosomatische Folgen auftreten können. Machtkonflikte wirken sich also teilweise negativ auf die Gesundheit der Akteure aus. Aus diesem Grund wäre es wünschenswert mehr über Machtkämpfe im Schulalltag zu erfahren, um durch ein besseres Verständnis einen professionelleren, pädagogisch wertvolleren und gesünderen Umgang mit ihnen zu ermöglichen.

6 Literaturverzeichnis

Atteslander, P. (2008). *Methoden der empirischen Sozialforschung* (12. durchgesehene Auflage). Berlin: Erich Schmidt.

Bräutigam, M. (2003). *Sportdidaktik. Ein Lehrbuch in 12 Lektionen* (S. 144-147 & 169-176). Aachen: Meyer & Meyer.

Brockhaus (Hrsg.). (2010). *Der große Brockhaus in einem Band.* (4. aktualisierte und überarbeitete Auflage). München, Gütersloh: Brockhaus in der Wissenmedia Gmbh.

Bundesverband der Unfallkassen. (2005). Gewalt an Schulen. Ein empirischer Beitrag zum gewaltverursachten Verletzungsgeschehen an Schulen in Deutschland 1993-2003. Zugriff am 13.01.2010 unter http://www.dguv.de/inhalt/zahlen/documents/Gewalt_an_Schulen.pdf.

Calderhead, J. (1984). *Teachers' Classroom Decision-Making.* London, New York, Sydney, Toronto: Holt, Rinehart and Winston Ltd.

Charles, C. M. (1996). *Building Classroom Discipline.* (5th Edition). New York: Longman Publishers USA.

Dann, H-D., Humpert, W. (1987). Eine empirische Analyse der Handlungswirksamkeit subjektiver Theorien von Lehren in aggressionshaltigen Unterrichtssituationen. *Zeitschrift für Sozialpsychologie, 18, 40-49.*

Dann, H-D., Tennstädt, K.-C., Humpert, W., Krause, F. (1987). Subjektive Theorien und erfolgreiches Handeln. *Unterrichtswissenschaft*, 15, 306-320.

Diekmann, A. (2007). *Empirische Sozialforschung. Grundlagen. Methoden. Anwendungen* (18. vollständig überarbeitete und erweiterte Auflage). Reinbek: Rowohlt.

Dreikurs, R., Grunwald, B. & Pepper, F. (1994). *Lehrer und Schüler lösen Disziplinprobleme.* (7. unveränderte Auflage) Weinheim und Basel: Beltz Verlag.

Dreikurs, R., Grunwald, B. & Pepper, F. (2007). *Lehrer und Schüler lösen Disziplinprobleme.* (Neu ausgestattete Sonderausgabe). Weinheim und Basel: Beltz Verlag.

Gläser, J. & Laudel, G. 2009. *Experteninterviews und qualitative Inhaltsanalyse. Lehrbuch.* (3. Auflage). Wiesbaden: GWV Fachverlage GmBH.

Glasl, F. (2008). *Sclbsthilfc in Konflikten.*(5. überarbeitete und erweiterte Auflage). Stuttgart: Verlag Freies Geistesleben [u.a.].

Gonschorek, G. & Schneider, S. (2000). *Einführung in die Schulpädagogik und die Unterrichtsplanung.* Donauwörth: Auer Verlag Gmbh.

Grewe, N. (2002). Deeskalieren! Lehrerverhalten in Disziplinkonflikten. In Becker, G., Heisterberg, W., Höfer, C., Tymister, H.J. & Werning R. (Hrsg.). Friedrich Jahresheft *Disziplin. Sinn schaffen – Rahmen geben – Konflikte bearbeiten* (S. 56-58). Seelze: Friedrich.

Heinze, T. (2001). *Qualitative Sozialforschung. Einführung, Methodologie und Forschungspraxis.* Wien: Oldenbourg Verlag.

Kern, H. J. (1976). *Verhaltensmodifikation in der Schule. Anleitung für die Schulpraxis.* Stuttgart, Berlin, Köln und Mainz: Kohlhammer Verlag.

Lohmann, G. (2003). *Mit Schülern klarkommen. Professioneller Umgang mit Unterrichtsstörungen und Disziplinkonflikten* (S. 93 – 208). Berlin: Cornelsen Skriptor.

Mayring, P. (1992). Analytische Schritte bei der Textinterpretation. In G.L. Huber (Hrsg.), *Qualitative Analyse.* (S. 11-42). München, Wien: Oldenbourg.

Merton, R.K., Kendall, P.L. (1979). Das fokussierte Interview. In Hopf, Weingarten (Hrsg.), *Qualitative Sozialforschung* (171-204). Stuttgart: Klett-Cotta

Messmer, H. (2003). *Der soziale Konflikt. Kommunikative Emergenz und systemische Reproduktion.* Stuttgart: Lucius & Lucius.

Miethling, W.-D. (1993). Unterrichtsstörungen. *Sportdidaktik*, 17 (5), 14-23.

Narr, R. (2002). Schülerdisziplin durch Lehrerkompetenz. In Becker, G., Heisterberg, W., Höfer, C., Tymister, H.J. & Werning R. (Hrsg.). Friedrich Jahresheft *Disziplin. Sinn schaffen – Rahmen geben – Konflikte bearbeiten.* (S. 126-129). Seelze: Friedrich.

Plaßmann, A. M. (2003). *Macht und Erziehung - Erziehungsmacht: Über die Machtanwendung in der Erziehung.* Kiel: Christian-Albrechts-Universität.

Rapoport, A. (1974). *Konflikt in der vom Menschen gemachten Umwelt.* Darmstadt: Verl. Darmstädter Blätter.

Scherler, K. (2000). Machtkämpfe. *Sportpädagogik*, 2000 (6), 13-15.

Scherler, K. (2004). *Sportunterricht auswerten – eine Unterrichtslehre.* Hamburg: Czwalina.

Sieland, B. (2002). Lachen können und eine Sache lieben. In Becker, G., Heisterberg, W., Höfer, C., Tymister, H.J. & Werning R. (Hrsg.). (2002). Friedrich Jahresheft *Disziplin. Sinn schaffen – Rahmen geben – Konflikte bearbeiten* (S. 51-53). Seelze: Friedrich.

Tymister, H.J. (2002). Das Recht auf Probehandeln. In Becker, G., Heisterberg, W., Höfer, C., Tymister, H.J. & Werning R. (Hrsg.). (2002). Friedrich Jahresheft *Disziplin. Sinn schaffen – Rahmen geben – Konflikte bearbeiten* (S. 82-84). Seelze: Friedrich.

Ulich, K. (1976). *Sozialisation in der Schule. Elemente einer sozialpsychologischen Theorie.* München: Ehrenwirth.

Wahl, D. (1991). *Handeln unter Druck. Der weite Weg vom Wissen zum Handeln bei Lehrern, Hochschullehrern und Erwachsenenbildern.* Weinheim: Deutsche Studien.

Weber, E. (1974). *Autorität im Wandel.* Donauwörth: Auer Verlag Gmbh.

7 Anhang

Leitfadeninterview:

1. Einstieg.

Vorstellen der eigenen Person, Ziel der Studie, Rolle als Experte (Praxiserfahrungen), Bitte das Gespräch mitschneiden zu dürfen, Anonymitätserklärung.

2. **Definition**

Das Thema Machtkonflikte ist für den Sportunterricht noch nicht erforscht. Daher würde ich Sie als Experten der Unterrichtspraxis bitten mir zunächst Ihre Definition von Macht in Bezug auf Erziehung und Schule zu geben.

Macht	Was ist Macht? Wer hat Macht? Woher kommt sie? Mit welchen Mitteln kann sie durchgesetzt werden? Können Sie mir ein Beispiel aus Ihrer Erfahrung erzählen?
Konflikt	Was ist Ihre Definition von Konflikt im Schulalltag? Gibt es unterschiedliche Konflikte? Wer hat Konflikte mit wem?
Machtkonflikt	Nun würde ich Sie bitten mir Ihr Verständnis von Machtkonflikten zu schildern. Wodurch zeichnen sich Machtkonflikte aus? Wer hat mit wem Machtkonflikte (auch Schüler untereinander)? Sind alle Machtkonflikte gleich oder gibt es Unterschiede? Haben Sie so etwas schon einmal erlebt? Erzählen Sie mir bitte davon. Können Sie von einem Beispiel aus Ihrer Praxis berichten?

3. Pädagogische Bedeutung

Nachdem Sie mir nun Ihre Definition erläutert haben und mir auch schon ein Beispiel aus Ihrer Erfahrung geschildert haben, würde mich interessieren: Wie schätzen Sie Machtkonflikte pädagogisch ein?

Sind Machtkonflikte eher „schädlich“ für die Entwicklung von Schülern? Brauchen Schüler Machtkonflikte? Können Sie dadurch etwas lernen? Was lernen sie? Können Sie mir auch hierfür Beispiele nennen?

4. Ursachen

Nun würde ich gerne wissen, was Sie aus Ihren Erfahrungen ableiten können / was Sie vermuten, wie Machtkonflikte entstehen können?

	Wie ist es zu dem Machtkonflikt gekommen? Aus welcher Situation ist er entstanden? Gibt es mehr Machtkonflikte im Sport oder in Ihrem anderen Fach?
Schülerverhalten	Warum machen Schüler so etwas? Können Sie sich vorstellen, was die Schüler dazu veranlasst Machtkämpfe aufzunehmen? Was ist ihr Ziel / Zweck? Können Sie mir ein Beispiel nennen?
Lehrerverhalten	Wie haben Sie auf das Verhalten des Schülers reagiert? Haben Sie sich auf die Provokation eingelassen? Warum? Was haben Sie empfunden, als der Schüler Sie provoziert hat? Hat sich der Konflikt durch Ihr Handeln verändert?
Kommunikation	Wie lief die Kommunikation in dem Fall ab? Wie hat der Schüler seinen Standpunkt vertreten? Wie haben Sie Ihren Standpunkt vertreten? Wie haben Sie auf die Schülerprovokation reagiert?

5. Indikatoren

Sie haben bereits mögliche Ursachen für Machtkonflikte genannt. Wenn Sie an Unterrichtssituationen zurückdenken, die sich zu einem Machtkonflikt entwickelt haben oder Situationen, bei denen Sie der Ansicht waren, dass es kurz vor einem solchen stand, können Sie mir Anzeichen für drohende Machtkonflikte nennen?

	Merkt man es überhaupt, wenn sich ein Machtkonflikt anbahnt oder ist der plötzlich einfach da? Woran genau merkt man es? Merkt man es immer oder nicht immer? Wird man mit zunehmender Erfahrung sicherer im Erkennen dieser Anzeichen?

6. Umgangsmöglichkeiten mit Machtkonflikten

Denken Sie bitte an einen Machtkonflikt mit einem Schüler oder einer Schülerin zurück, den Sie als erfolgreich bezeichnen würden. Wie sind Sie dabei vorgegangen?

Strategien	Wie haben Sie sich genau verhalten? Würden Sie sagen, dass Sie Strategien für Machtkonflikte entwickelt haben? Wie haben Sie die Strategie entwickelt (Erfahrung, Bücher, Try-Error)?
	Warum haben Sie Strategien entwickelt? Welche Strategien haben Sie entwickelt?

Reaktive Strategien	Wie gehen Sie vor, wenn ein Schüler Sie immer wieder herausfordert? Wie fühlen Sie sich dabei? Wie haben Ihre Gefühle Ihr Handeln beeinflusst? Gibt es noch andere Möglichkeiten, die Sie auch schon angewendet haben?
Proaktive Strategien	Wie reagieren Sie, wenn Sie die Anzeichen für einen Machtkonflikt wahrnehmen? Was tun Sie genau? Können Sie das an einem Beispiel verdeutlichen? Gibt es noch andere Möglichkeiten, die Sie auch schon angewendet haben?

7. Folgen

Jetzt haben Sie mir schon viel über die Entstehung und den Verlauf von Machtkonflikt erzählt. Nun würde ich gerne auf die Folgen eingehen. Welche Folgen kann ein Machtkonflikt sowohl für Lehrer als auch Schüler haben?

Emotionale Folgen	Wie haben Sie sich danach gefühlt? Warum? Was glauben Sie, wie sich der Schüler gefühlt hat?
Auswirkung auf Beziehungsverhältnis	Hatte der Machtkonflikt eine Auswirkung auf Ihre Beziehung zu dem Schüler? Wie haben Sie sich gefühlt, als Sie ihn wiedergesehen haben? Wie haben Sie sich ihm gegenüber verhalten? Wie hat er sich verhalten?

8. Abschluss

Wenn Sie noch einmal rückblickend dieses Interview betrachten, gibt es Aspekte, die Sie für wichtig halten, die wir noch nicht angesprochen haben?

Dann bedanke ich mich für dieses Interview und dafür, dass Sie sich die Zeit für mich genommen haben.